예민한 너를 위한
까칠한 심리학

# 예민한 너를 위한 까칠한 심리학

조우관 지음

알고 보면
자신보다 타인을
더 배려하는
너에게

유노
북스

# 예민한 사람은
# 예민한 대로
# 행복하면 된다

　최근에 상담에서 만난 딸기(딸기는 내담자들을 총칭하는 은유적 표현이다)는 예민하고 까칠하다는 평가를 받지 않으려고 노력했다. 자신을 흠집 내는 어떠한 소문에도 일관되게 반응하지 않았고, 누군가에게 아무리 못된 말을 들어도 대항하거나 불편한 기색을 보이지 않았다. 그랬더니 사람들이 점점 자신을 무시했고, 그런 무시가 일상화가 되었다고 한다. 반면 자신의 학과에 있는 다른 사람은 할 말은 다 하는 직설적 까칠쟁이였는데 사람들이 오히려 그를 어려워하였고, 그것이 딸기에게는 존중하는 것처럼 보였다고 한다. 자신에게서 예민함과 까칠함을 지운 딸기는 다시 그것을 찾아 어떻게든 사람들에게 존중을 얻어 내려 했지만 사람들은 딸기를 우습게 볼 뿐이었다. 딸기는 지금 애써 잘라 낸 진짜 자기를 찾기 위해 상담을 받고 있다.

긍정 심리학의 공동 개시자로 알려진 마틴 셀리그만과 크리스토퍼 피터슨은《성격 강점과 덕목의 분류(Character Strengths and virtues)》에서 매우 예민한 사람들의 성격적 강점을 다음과 같이 제시하였다. 진정성, 통찰력, 자기 위치에 대한 이해(반성하는 능력), 창의력, 겸손, 사랑. 이쯤 되면 예민한 사람들이 가졌다는 강점은 인류의 평화와 공존을 위해 아주 중요한 덕목이 아니던가. 세상이 예민한 사람들 덕분에 여전히 번영하고 있다고 해도 과언이 아니다. 이외에도 예민한 사람들은 공감 능력을 비롯한 정서 지능이 높고, 직관력, 섬세한 지각력, 일 처리의 완벽함을 추구하는 등등의 강점들도 지니고 있다. 보들레르는 예민한 사람들의 감수성과 그 천재성을 논하기까지 했다.

그런데 우리는 예민한 사람이라고 하면 왜 그렇게 뜨악하며 멀리하고, 예민한 사람조차도 자신의 예민함을 멀리하려고만 하는 것일까. 예민함을 여성의 전유물 정도로 취급하거나 타인을 괴롭히는 성격적 결함 정도로 인식하는 사회적 분위기 탓에 '예민'이라는 단어 자체에 일반적 저항감이 만연하기 때문이다. 심리학자들이나 기타의 학자들이 아무리 예민한 사람의 강점을 이야기하더라도 말이다.

예민하고 까칠한 사람들은 자신들도 남으로부터 침범받기를 원하지 않기 때문에 절대 남을 함부로 침범하지 않는다. 이는 관계의 경계를 잘 세운다는 뜻이다. 하지만 경계를 짓는 그 특징이 '우리'를 강조하는 집단주의 문화에서 잘 받아들여지지 못한 탓도 있다. 건강한 개인주의에 대한 담론이 계속되는 요즘 예민하면서도 까칠한 사람들의 특성에 주목하면서 그로부터 건강한 개인주의가 파생되어야 할 것이다.

살다 보면 문득 '나는 상처받기 위해 태어나 살아가고 있는가' 하는 의문에 휩싸일 때가 있을 것이다. 그렇다면 내가 누군가를 지나치게 배려하고 있기 때문일 수 있다. 또는 내가 다수를 위해 희생하기 때문일 수도 있다. 어떤 이는 나의 배려로 하고 싶은 말을 거침없이 하는 자유를 누리고 있거나, 어떤 이는 나의 희생으로 자신이 원하는 바를 밀고 나가는 사람도 있다.

이 책 제목의 '예민한 너'는 상처받은 이들을 대변한다. 우리는 보통 예민한 사람을 까칠하고 신경질적이고 다루기 어려운 사람으로 취급 및 처리하며 그의 반대에 있는 사람들을 무던하다고 칭한다. 그러면서 대부분의 사람이 무던한 사람의 범주에 속하기 위해 애쓴다.

하지만 예민한 사람의 반대는 무던한 사람이 아니라 무디거나 둔한 특성을 가진 사람이다. 무디고 둔한 감각이나 기질을 갖고 있어서 타인이 상처받는 상황과 그 마음을 잘 알아차리지 못하면서 상처 입히는 사람이자 예민한 사람들을 예민하다고 타박하는 사람들이다. 예민한 사람은 섬세하고도 날카로운 감각으로 타인의 작은 변화와 반응도 금방 알아차리고 또 그것이 불편하여 기꺼이 자신을 희생하면서까지 분위기와 타인의 감정을 해치지 않으려고 애쓰기도 한다.

상담에서 만나는 대부분의 내담자는 가족의 문제를 대변하는 희생자들이자 욕구의 억압자들이며, 모두를 위해 애쓰느라 미처 자신을 돌보지 못한 채 살아온 사람들이다. 그러면서도 자신을 상처 입히는 무디고 둔한 사람들에게 작은 목소리도 내지 못하고 감히 싫은 소리 한마디도 내뱉지 못한다. 그러나 사회에서는 사소하고도 괜한 일에 신경을 쓰고, 의지가 약해 혼자 힘으로 문제를 해결하거나 상황을 헤쳐 나가지도 못하는 사람으로 평가되기 일쑤이다. 섬세하고 예민한 감각을 소유한 이들이 있기에 세계의 평화와 안녕이 지속되고 있음에도.

이 책은 상처받은 혹은 앞으로 상처받을 당신, 예민하고 작고 연약한 당신을 위해 쓰였다. 당신의 예민한 마음을 까칠하고 강하게 대신 막아 주고, 주장하고 싶은 의미를 담은 책이다. 우리의 삶이 하나가 되어 자족하게 되는 것은 나의 것을 억지로 없애려고 노력하는 순간이 아님을 이미 알고 있을 것이다. 우리에게 필요한 것은 나의 나 됨을, 예민한 촉수를 곤두세우고 모든 것에 레이더망을 펼칠 수 있는 독특하고도 광범위한 감정을 사유할 수 있는 용기이다.

예민한 사람은 행복한 예민한 사람이 되면 되는 것이고, 둔한 사람은 행복한 둔한 사람이 되면 되는 것이다. 굳이 둔한 사람이 둔함을 포기하지 않는다면 예민한 사람도 그 예민함을 포기하지 않는 것이 어떠한가. 자신만의 섬을 구축한 사람이 행복한 사람이 될 수 있다는 니체의 말은 자기를 굳건히 지킨 사람들의 특권일 것인데.

그럼에도 한 가지 당부할 점은 내가 애써 상처를 만들어 내지는 말라는 것이다. "저 사람이 왜 저런 말을 했고, 저런 행동을 했을까"부터 "나를 망신 주기 위해서는 아닐까"까지 내 의식과 사고가 그 말을 오해하고 그 행동을 오해석해서 상처를 만들 때가 있다. 타인의 약아빠진 행동으로 상처받는 것이야 타인을 뜯어고칠 수 없고 어찌할 방도와 도리가 없다치더라도 최소한 나의 서툰 해석으로 상처를 만드는 것은 내가 충분히 최소화할 수 있다는 것을 이 책을 통해 조금이나마 배운다면 좋겠다. 가끔 우리는 나 자신에게 내가 기꺼이 상처를 입히는 객이 되기도 하니까.

　그리고 무엇보다 그 예민함으로부터 멀어지지 말기를, 그것이 당신의 무기이자 당신의 힘이자 근원이 되어 주기를 바란다.

# 차례

## 1장

까칠한 심리학

# 나는 예민하지만
# 너는 둔감해

**성향에 대하여**

## 2장
### 까칠한 심리학

# 내가 예민한
# 이유를 찾는다면

#### 감정에 대하여

## 3장
### 까칠한 심리학

# 내게 무던해져야 한다는
# 세상에게

#### 관점에 대하여

**4장**
까칠한 심리학

# 내가 나로 살지,
# 누가 나로 살까

자존감에 대하여

**5장**
까칠한 심리학

# 나의 영역, 너의 영역,
# 우리의 경계

인간관계에 대하여

## 6장
까칠한 심리학

# 나의 경계 밖으로
# 한 발 나아가는 용기

### 성장에 대하여

## 7장
까칠한 심리학

# 나 자신을
# 더욱 사랑하는 법

### 회복에 대하여

# 나는 예민하지만 너는 둔감해

---

· 성향에 대하여 ·

# 모두가 '네'를 외칠 때
# '아니오'를
# 외치고 싶은 사람

**내향인과 외향인**

한 유명인을 만나 본 방송국 스태프가 투덜거리며 그에 관한 이야기를 했다.

"세상에 그렇게 데면데면한 사람은 처음 봐. 촬영할 때는 아무렇지도 않게 웃으면서 촬영하다가 쉬는 시간만 되면 스태프들한테 눈길도 잘 안 주고, 뭘 사다 주었는데 고맙다는 말도 안 하더라고. 그러더니 자기가 아는 다른 유명한 사람이 나타나니까 세상 반가운 것처럼 인사하고 난리를 치더라. 자기보다 더 유명한 사람한테만 웃으면서 사진 찍고 말이야. 어쩌면 그렇게 사람에 따라 태도가 달라지는지. 완전히 이중인격이야."

이야기를 들으면서 처음 만난 사람과 데면데면한 게 그렇게 이상한 일일까 싶었다. 오히려 처음 만난 사람을 오래 만난 사람처럼 대하는 게 관계에 경계가 없는 사람이 아닌가? 촬영이야 자신의 일이니까 촬영에 들어가는 순간 직업인으로서 웃는 게 당연하다. 자신의 삶으로 돌아온 휴식 시간에는 그도 자연인으로 돌아갈 것이다.

물론 내가 누군가에게 불편함의 대상이라는 사실이 썩 유쾌하지 않을 수 있다. 하지만 누구나 나에게 상냥하고 친절하게 웃어 주어야 한다는 생각은 나의 기대일 뿐이지 않나. 나의 기대를 저버렸다고 해서 그 사람의 태도와 인성을 들먹이는 것은 인지 부조화의 전형일 뿐이다.

누군가를 처음 만난 자리에서 거리낌 없이 이야기를 잘하는 사람이 있고, 낯선 이들과 있을 때는 말수가 적어지다가 아는 사람이 나타나면 갑자기 말문이 터지는 사람도 있다. 아마도 그 유명인의 데면데면한 태도는 사람을 차별해서도, 성공에 눈이 멀어서도, 인성이 나빠서도 아닌 그저 내향적인 사람이기 때문이었을 것이다.

우리는 흔히 사교적이고 활동적인 사람을 외향인, 사교적이지 않고 집에만 있기 좋아하는 사람을 내향인이라고 부른다. 그리고 많은 이가 내향적인 사람을 향해 "그렇게 사교적이지 못해서 사회생활은 어떻게 하려고 하느냐"부터 "그런 식으로는 성공할 수 없으니 성격을 바꾸라"는 말까지도 서슴지 않는다.

유명한 배우들 중에는 스스로 내향적이라 고백하는 사람이 꽤 많다. 개인적으로 알고 지내는 배우 중에도 그렇게 말하는 사람을 종종 보았다. 그런데 그들이 친근하거나 친절하지 않은 가 하면 그것도 아니다. 수많은 사람 앞에서 말을 하고 일을 하 며 사회적으로 성공하기까지 했다. 그렇다면 우리는 내향인에 대해서 너무 많은 오해를 하고 있는 것은 아닐까.

## 당신의 판단 기준은 자신인가 타인인가

분석 심리학의 창시자인 칼 융이 성격에 따라 내향인과 외향 인을 처음 구분했다. 그는 자신의 판단 기준과 주관이 뚜렷한 사람을 내향인이라 했고, 주변인의 판단과 외부의 정보를 행동 의 기준으로 삼는 사람을 외향인이라고 했다. 한마디로 자신의 내면이 자기를 향하느냐, 외부를 향하느냐로 구분된다.

모두가 '네'를 외칠 때 '아니오'를 외칠 수 있는 사람, 모두가 자 장면을 주문할 때 볶음밥을 주문할 수 있는 사람은 외향인이 아 니라 오히려 내향인이다. 외향인이 자신의 의견을 더 잘 피력할 것 같지만, 실은 내향인이 남들의 의견에 따르지 않고 자신의 느낌과 생각에 더 예민하며 자기주장이 강하다. 물론 이것이 덜 사교적인 이유라고 말한다면 조화와 동화의 뜻이 엄연히 다름을 배울 필요가 있다.

관계에 있어서도 어느 쪽이 더 사교적이라고 말할 수 없다. 외향인은 낯선 사람과 환경에 개방적이라 익숙한 사람보다 새로운 사람을 만나는 것을 더 좋아한다. 반면 내향인은 낯선 사람보다 익숙한 사람을 더 편하게 여긴다. 익숙한 사람과 낯선 사람 중 누구와 만나는 것을 더 좋아하느냐가 다를 뿐이지, 누가 더 사교적이고 덜 사교적인지 이분법으로 구분할 수 없다.

외향인이 사회생활을 더 잘하는 것처럼 보이고, 사람들과 두루두루 친하게 지내서 좋아 보일 수도 있다. 하지만 만약 외향인인 친구가 십년지기 친구인 나와 오늘 처음 만난 사람을 똑같이 대한다면 나의 입장에서는 퍽 섭섭할 수도 있다.

무엇보다 모든 성격을 내향인과 외향인 딱 두 가지의 기준으로만 나눌 수 없다. 내향과 외향의 경계가 모호하고 검사 결과에서도 큰 차이가 나지 않아 둘 사이를 넘나드는 나 같은 사람도 있다. 또한 겉으로는 외향인이지만 속으로는 내향인인 사람도 있을 것이다. 그날따라 하필 상황과 환경이 나를 불편하게 만들었을 수도 있고, 그날따라 하필 기분이 다운되었거나 몸이 안 좋았을 수도 있다.

누군가의 성격을 규정하는 데 있어 가진 정보의 양이 적으면

적을수록 우리는 드러나는 것에 한정해서 혹은 나의 편견에 의지해서 결론을 내리게 된다. 그리고는 왜 사람들은 나와 같지 않으냐고, 내 기대를 충족해 주지 않느냐고 불평한다. 멀어지지 않아도 좋았을 사람이 그렇게 멀어지는 것도 모르고 말이다.

# 웃었으니
# 괜찮은 거 아니냐고?
# 천만에!

**감정의 대체 현상**


고등학교에서 상담사로 일할 때 출근하자마자 교장에게 혼이
난 적이 있다. 10분 정도 지각했는데, 교장은 나를 보자마자 한
시간은 족히 지각한 사람을 혼내듯 혼을 내기 시작했다. 화를
내는 것도 아닌 혼을 내는 거였다. 그것도 방학이라 학생들이
학교에 한 명도 없는 와중에. 계약직인 주제에 자기들처럼 출근
시간을 한 시간이나 늦춰 주었으면 절대 늦지 말아야 하는데 늦
었다는 것이 이유였다.

처음에 그는 좋게 말한다더니 말을 할수록 점점 더 감정이 고
조되어 갔다. 나 역시 그의 과한 태도에 너무 화가 나서 항의를

할까 고민했다. 하지만 그 찰나에도 이성을 지켜야 한다는 자기 압력에 굴복하고 말았다.

그런데 혼이 나던 와중에 나는 교장보다 나 스스로에게 더 화가 나기 시작했다. 화를 참고 있는 나도 못났는데, 심지어 미소를 짓고 있기까지 했다. 어느 지점에서는 웃었던 것도 같다. 마음속은 분노로 끓고 있는데 웃고 있는 내가 몸서리치게 싫었다. 교장은 웃는 나를 보며 더 화가 나는 것 같았다. 자신이 혼을 내면 주눅 들고 숙여 주어야 하는데 웃고 있으니, 자신의 권위도 서지 않고 내가 자기를 우습게 보는 것처럼 느껴지기도 했을 것이다.

생각해 보면 어릴 때부터 웃음이 많았다. 웃겨서 웃을 때뿐만 아니라 선생님한테 혼이 날 때도, 교회 목사님한테 안 좋은 소리를 들을 때도 나는 웃었다. 이 밖에도 고통과 웃음이 섞여 있었던 적이 많았다. 눈으로는 울고 있는데, 입은 웃고 있을 때도 있었다. 나는 과연 '조커'였단 말인가.

## 전기 충격을 가하는데도 사람들이 웃은 이유

인간은 세상의 모든 동물 가운데 고통의 순간에 웃는 유일한 동물이다. 스탠리 밀그램의 '복종 실험'에서 다른 참가자에게 전기 충격을 가하는 것에 부담을 느낀 많은 참가자들이 웃음소리를 냈다. 이는 원치 않는 고통이나 충격을 숨기기 위한 방어 기제로 웃음이 작동하고 있음을 보여 주는 사례이다. 많은 이가 도저히 믿기지 않는 충격 속에서 미친 사람처럼 웃으면서 머리를 풀어 헤쳤던 것도 이와 같은 원리이다. 같이 일하던 한 선생님도 분명 자신은 고통스러운 이야기를 하는데 표정은 웃고 있는 것을 인지하고 소스라치게 놀랐다고 한다.

고통 가운데에서도 웃는 인간의 처량함이여. 웃음은 때로 인간의 내면세계를 완벽히 교란하는 감정의 포식자이다. 웃지 않으면 사교성이 떨어진다는 비논리를 뒷받침해 온 시대의 가학이기도 하다.

어떤 사람이 잘 웃는 이유는 명랑하거나 긍정적이기 때문일 수도 있지만, 나를 짓누른 무거운 순간의 무게만큼 웃음의 무게로 덜어 냈기 때문일 수도 있다. 어떤 이에게 웃음은 힘들 때마다 자신을 다독이며 '그래도 웃자'고 스스로를 설득한 시간의 총합이자 다채로운 아픔과 고통의 이력인 것이다. 더군다나 우리 모두는 괴로워도 슬퍼도 웃는 캔디의 미덕을 어린 시절부터 주입당하기까지 했으니.

무너지지 않고 연약한 자신을 감추기 위해 웃어 왔던 사람들, 그것만이라도 가져야 겨우 버틸 수 있던 사람들은 어느 순간 웃음의 가면과 얼굴이 혼연일체가 된다. 그렇게 되면 감정 자체가 표정을 배반하는 일이 자주 일어난다. 웃기 싫은 순간조차 웃고 있고, 웃는 자신이 너무 싫어지고야 만다. 웃음 자체가 버거워진다.

## 정말 화내야 할 일에 화내고, 웃어야 할 일에 웃을 것

늘 까칠하다는 평가를 받으면서도 정작 까칠하게 행동하기가 어려워 참을 때가 많다. 참아도 까칠하다는 이미지가 박혀 있는데 무슨 이익이 있어 그렇게도 참는 것인지. 좋은 사람으로 보이고 싶어 무례한 말에도 웃는 내 표정의 배신은 사랑받기 위해 웃기를 선택한 기만적 행위이자 나 자신에게 가장 가혹한 생존 수단이었다. 웃지 않으면 정면으로 고통을 보아야 하고, 그러다 보면 세상을 떠날지도 모른다는 두려움의 잘못된 극복 방법이자 간단하지 않은 눈치의 기술이었던 것이다.

참을성의 기술을 갈고닦은 사람은 자신의 진짜 감정을 다른 감정으로 덮는다. 나는 주로 화를 내야 하는 순간 힘이 빠지면서 화 대신 우울이라는 감정을 느끼곤 한다. 화를 내면 나쁜 사람이 되지만, 나 혼자 우울하고 마는 것은 아무에게도 들키지 않기 때문이다. 나도 모르게 선택 아닌 선택을 한 것이다. 한동안 내가 그런 식의 감정 메커니즘을 가지고 있다는 사실을 의식하지 못했지만, 감정을 공부하고 나를 오랜 시간 관찰하면서 깨닫게 되었다.

진짜 감정을 다른 감정으로 덮는 과정을 '감정의 대체 현상'이라고 한다. 이는 특정 감정을 수치스럽게 느끼거나 자신의 감정을 속여 온 사람들과 감정에 대한 흑백 논리가 지배적인 사회의 합작품이다. 슬픈데 화를 내거나 화가 나는데 슬픈 것처럼 원래의 감정을 다른 것으로 덮으니 자신의 진짜 감정을 들여다볼 기회조차 갖지 못한다.

감정을 잃어버린 탓에 잃게 되는 또 다른 감정이라니. 웃으면서도 잃을 수 있는 것이란, 너무나 간절해서 오히려 포기하게 되는 것이다. 생을 사랑해서 눈물 대신 웃음을 선택할 수밖에 없다면 남은 생에는 진짜 웃긴 일에 행복해서 웃을 수 있기를. 나의 남은 감정은 그렇게 홀가분했으면 좋겠다.

감정 하나하나가 독립된 개체가 되어 주기를, 그래서 어느 것 하나도 잃지 않았으면.

# 내가 마른 건 예민해서고,
# 네가 살찐 건
# 체질 때문이라니

✿

**확증 편향**

사람들은 항상 비쩍 마른 나에게 예민해서 살이 찌지 않는다고 한다. 자신은 물만 마셔도 살이 찐다거나, 나와 똑같이 먹는데도 자기만 살이 찐다며 체질이나 먹는 것에 원인을 돌리면서 말이다. 자신에게는 그렇지 않으면서 나에게는 성격을 원인으로 말하는 것은 '잘못된 귀인의 오류' 혹은 '편향의 오류' 정도가 되지 않을까. 예민한 성격을 꼬집고 싶은 것이라면 몸무게는 그만 놓아 주는 것이 어떨까. 나는 몸무게가 많이 나가면서 예민한 성격을 가진 사람의 명단을 제출할 수 있을 뿐만 아니라, 살이 찌지 않는 원인에 대한 보고서도 열 장은 충분히 채울 수 있으니.

그럼에도 나는 예민하다는 평가로부터 자유로워지고자 한동안 살을 찌우기 위해 몸과 정신을 혹사했다. 심지어 '털털병', '쿨병'이라는 지병을 앓기도 했다. 먹기 힘든 단백질 보충제를 사약 들이켜듯 먹어 댔다. 보기보다 성격이 좋다는 이야기를 듣기 위해서 뒷말이 들려와 화가 나도 웃으며 오히려 나 자신을 나무랐다. 그런 갖은 노력에도 불구하고 나의 이미지는 조금도 변하지 않았다.

영어 스터디 회원들과 점심을 먹으러 간 식당에서 한 사람이 퀴퀴한 냄새가 난다고 다시는 거기를 가지 않겠다고 했다. 사실 다들 냄새가 나는지 어떤지 의식하지 못한 채 맛있게 밥을 잘 먹고 나왔으나 아무도 그 의견에 의의를 제기하지 않고 그냥 대충 넘어갔다. 다음 모임 때는 누가 태권도장에서 하는 요가 수업을 추천하기에 나는 냄새 나는 태권도장에서 요가를 하고 싶지 않다고 말했다. 냄새로 따지면야 식당보다 땀으로 가득한 태권도장이 결코 덜하지 않을 것이다. 하지만 통통한 사람이 냄새에 관해 이야기할 때는 아무도 예민함을 들먹이지 않다가 빼빼한 내가 냄새를 이야기하자 "그렇게 예민하니까 살이 찌지 않는다"고 했다.

그래서 냄새에 관해 예민하기는 둘이 마찬가지였는데 왜 나에게만 예민함의 잣대를 들이미느냐고 항의하자 모두의 시선이 흩어진 채 소설 《백치 아다다》의 아다다가 되었다.

사람들은 그렇게 보이지 않는 사람의 예민함은 논하고 싶어 하지 않는다. '빼빼함은 곧 예민함'이라는 등식을 세운 사람이라면 그에 맞는 자료에만 눈을 돌리려고 한다. 이를 '확증 편향'이라고 한다. 자신의 믿음이나 신념과 일치하는 정보만을 받아들이고, 그와 반대되는 정보는 무시하는 경향성이다. 말라빠진 나는 예민한 사람이기에 냄새에 민감한 반응을 보이는 모습 자체가 자신의 믿음을 확고히 하는 데 필요한 정보이다. 반대로 옆에 있던 통통한 사람의 예민함을 논하는 것은 자신의 신념에 금이 가는 행위이므로 그에는 전혀 관심을 두지 않는 것이다.

### 예민함의 다른 말은 공감, 배려, 수용

그들이 죽어도 자신의 고정 관념을 깨뜨릴 의향이 없다면 예민함을 다시 정의하고 받아들이는 것이 나에게 유익하다는 결론에 이르렀다. 예민하다는 평가에서 자유로워지는 길이 나를 다른 모습으로 덮고서 다른 평가를 받기 위해 애쓰는 것이 아니라는 생각에 도달한 것이다. 나의 예민함을 인정하면 된다. 자꾸만 반박하려고 하면 논란이 되지만 인정하면 더 이상 그들도 할 말이 없어지므로.

시인 샤를 보들레르는 "예민한 감수성이야말로 천재성"이라고 말했다. 정신과 의사인 주디스 올로프는 예민한 사람의 지각력은 보통 사람보다 훨씬 더 높고, 이러한 지각력을 삶의 아름다움에 적용할 수 있다고 한다. 예민하다는 것은 아름다움에 대한 내적 인식이 빠르고 그의 의미를 쉽게 깨달을 수 있다는 뜻이다. 고슴도치의 촉수 같은 가시가 뻗어 과민한 신경계를 가지고 있지만, 그렇기에 타인에게 감정 이입하는 능력과 공감 능력이 더 뛰어나다. 이들은 세세한 것에서도 소중함을 깨달을 수 있다. 자신은 비록 상처투성이라고 할지라도 남들에게 진심을 다하는 사람이 바로 예민함의 소유자이다.

누군가 당신의 예민함이 스스로에게 미친 악영향에 대해 이야기하고자 한다면 예민한 사람이 있어서 세상이 아름다워졌음을 논해 보자. 예민함이 나쁜 것이라면 그에 반대되는 무딤이 관계에, 세상의 문제에, 소외된 사람에게 어떠한 영향력을 끼칠 수 있는지까지도. 무딘 감각의 소유자는 자신의 말과 행동으로 친구가 상처를 받는지조차 모르지 않던가. 무딘 그 사람이 예민한 나를 말로 흠집 내면서도 전혀 죄책감을 느끼지 않는 것처럼 말이다.

사람들은 흔히 예민함을 나약함이나 부족함과 같은 것으로 취급하곤 한다. 〈이모선〉 지의 연구에서는 타인에게 예민한 행동이 오히려 행복을 가져올 수 있다고 한다. 예민하기에 타인을 위해 베풀 수 있고, 감정과 미에 대해 더 개방적일 수 있다는 것이다.

보이지 않는 것을 보았다고 말하는 사람들이 있다. 타인의 속성을 제대로 고찰해 본 적 없는 사람일수록 자꾸만 보이지 않는 것이 보인다고 믿는다. 그리고 자신의 믿음을 타인에게 강요한다. 타인을 쉽게 상처 낸다. 인간의 내면은 앞과 뒤로 구분 지을 수 없고, 그래서도 안 되는 것임에도.

# MBTI에
# 과몰입하는
# 사람들의 오해

**개념화의 함정**

"역시 '또라이'일 줄 알았어. 거봐, 내가 또라이라고 했지."

한 동료가 다른 동료의 MBTI 결과를 보고서 보란 듯이 동료가 또라이임을 선언했다. 그것도 동료가 듣는 앞에서. 아니, MBTI의 어떤 유형이 또라이를 증명하던 것이었는지. 동료를 또라이라고 말한 동료는 MBTI 연수를 받아 본 적도 없다. 여기저기에서 귀동냥으로 들은 정보가 다였다. 그러니 누군가를 함부로 판단하고 잘못된 잣대로 평가하기 위하여 MBTI 결과를 이용하면 안 된다는 윤리에 대해서도 전혀 알지 못했다. 때로는 무지가 의도보다 더 나쁘다. 자신의 무지가 나쁘다는 것에 대해서도 무지하니까.

다른 사람에 대해 고요하게 말하지 않는 세상이다. 자음과 모음이 전혀 섞이지 않아 제대로 기능하지 않는 언어 체계가 사회 곳곳을 돌아다니고 있다. 오래 천천히 마주하는 벗은 점점 사라진다. 반면 속단하여 말을 뱉고 기꺼이 누군가의 적이 되기도 마다하지 않는 완벽한 타자만 넘쳐 난다. 제발 나를 모르는 척 지나가라고 먼저 모르는 척을 해도 꼭 아는 척을 해야만 직성이 풀리는.

누군가를 제대로 알기 위해서는 최소한 여덟 가지의 심리 검사를 해야 한다는 이야기를 들은 적이 있다. 그것만으로 불충분할지도 모르겠다. 특히 MBTI는 융의 이론 중 극히 일부만을 가져온 것이라 과학성이 매우 떨어지는 검사 도구이다. 그래서 MBTI와 관련한 논문은 논문지에 실리지 못하고 논문으로서의 가치를 인정받지도 못한다. 그냥 혈액형별 성격 유형처럼 즐거움을 위해서 혹은 나와 타인을 조금이라도 이해하기 위한 노력의 일환 정도로 쓰면 된다.

MBTI 초급과 중급 과정까지 수업을 들을 때는 MBTI가 사람을 정확히 꿰뚫어 보는 것만 같은 느낌에 빠진다. 그러나 이후의 과정까지 계속 듣다 보면 사람은 정확히 규정해서도 섣불리 판단할 수도 없는 존재라는 결론에 도달할 수밖에 없다.

어느 날, 다른 심리 검사 연수를 아침부터 저녁까지 몇 주에 걸쳐 받은 적이 있다. 그때 같이 연수를 듣던 선생님과 우연히 MBTI 이야기를 나누었다. 그는 자신이 가진 J 성향이 너무 싫어서 P 성향이 나올 때까지 MBTI 검사를 받았다고 했다. 그런데 아무리 검사를 하고 또 해도 P 성향이 나오지 않자 급기야 실의에 빠졌다. 마지막으로 한 검사에서 드디어 P가 J보다 1점 더 나와서 뛸 듯이 기뻤다고 한다.

1점의 점수는 그 결과를 명확히 할 수 없는 차이이고, 따라서 P라고 결론 내리기를 보류해야 한다. 심지어 그걸 본인이 알고 있음에도 자신의 목적을 달성한 데 만족하고 있었다.

그가 자신의 특정한 성향을 마음에 들어 하지 않았던 원인이 오롯이 자신에게만 있던 것은 아닐 것이다. 자존감이 낮아 자기 인식이 부정적일 수도 있었을 테지만, 그렇게 되기까지 많은 사람이 그를 함부로 판단하며 부정적 영향을 미쳤으리라. 친구나 동료에게 또라이라는 말을 들었기 때문일 수도 있고, 부모에게서 끊임없이 형제자매와 비교를 당했기 때문일 수도 있다. 본인의 실제 성향은 전혀 변하지 않았음에도 문자화되고 문서화된 곳에서나마 자신이 다른 사람이기를 원했을 것이다. 그리고 그 사실을 확증받자 비로소 스스로의 편견에서 벗어날 수 있었을 것이다.

## 나도 나를 모르는데 어떻게 타인을 규정하겠는가

사람은 누구나 무언가를 벗고 싶어 한다. 때로는 이름을, 때로는 타이틀을, 때로는 개념화된 나를. 세상에는 알 수 없는 채로 있어야 할 것도 있는 법이다. 하지만 모른다는 것이 불안함이 되어 사람들은 모르는 것을 알기 위해 투쟁한다. 투쟁은 곧 스스로를 굴복시키고 나는 곧 무력화된다. 남이 아는 나만이 살아남아 곧 나를 대변하고 있으니 말이다. 도대체 나도 모르는 나와 나의 영혼에게 누가 무슨 짓을 하고 있는 것인지.

모 여성 센터에서는 사람을 모집할 때마다 항상 지원자의 MBTI 유형을 쓰라고 한다. 그 단체는 그걸 알아서 무엇에 쓰려고 할까. 자신들이 선호하는 혹은 싫어하는 유형의 사람을 걸러 내기 위해 MBTI 유형을 쓰라고 했을까, 아니면 미리 지원자의 유형을 알고 난 후 그를 배려하기 위함이었을까. 배려가 목적이었다면 면접에서 물어보거나 입사한 후에 물어보아도 충분한 것이었으므로 누군가를 걸러 내기 위한 목적이었을 것이다. 고작 MBTI 결과 하나로 누구를 얼마나 걸러 낼 수 있을지는 모르겠지만.

세상에서 가장 위험한 사람은 책을 딱 한 권만 읽은 사람이라는 말이 있다. 그 책이 자신의 전부이므로 그는 무척이나 편협한 사람일 확률이 높다는 의미이다. MBTI만 공부한 사람은 그게 전부인 줄 알고, 에니어그램만 공부한 사람은 그게 또 전부인 줄 알기도 한다. 그림 한 장으로 내담자의 심리를 분석하는 사람에겐 그림이 절대적인 기준이 될 수도 있다. 그렇기에 전문가로서 윤리를 배우지 못한 사람이 이러한 심리 검사 도구를 다루는 것은 지극히 위험하다. 누군가를 쉽게 규정 짓고 결론을 내림으로써 누군가는 상처받을 수 있기에.

첫 책을 냈을 때 내 책을 읽은 지인이 '이제야 언니가 왜 그런지 알겠다'고 했다. 그는 아마 세상에서 나를 누구보다 잘 아는 사람이 되었을 것이다. 당신이 알고 있는 당신이, 당신이 아닐 수도 있다. 당신이 알고 있는 누군가도 마찬가지이다.

# 성격은
# 태어난 순서에 따라
# 결정되지 않는다

## 순서의 오류

어린 시절부터 극복해야 할 것이 많은 사람은 마음 놓고 어릴 수 없다. 결핍을 메우고 구멍을 다른 것으로 덧대느라 신경써야 할 것이 너무 많아서 자신이 어리다는 사실조차 잊어버리곤 하니까. 혼자서 무언가를 결정하고 처리해야 했던 순간과 혼자서 무수한 사건을 겪어야 했던 순간이 쌓여 나는 어린 시절을 잃어버렸다.

내 생애 처음으로 마주한 편견은 형제자매 없이 '혼자'라는 것이었다. 내가 무슨 잘못만 하면 '혼자 자라서 그렇다'로 귀결되곤 했다. 어쩌다 어른에게 인사를 안 해도, 어쩌다 친구와 싸워도, 어쩌다 버릇없이 굴어도 모든 문제는 혼자 자랐기 때문이었다. 하도 오냐오냐 자라서 이기적이라고 했다. 누가 그렇게 나를 오냐오냐 키웠는지 묻고 싶을 정도이다. 혼자 자란 것도 서러운데 혼자라는 이유로 나에게 내려진 판단과 평가는 마치 처벌 같았다. 온 인생이 사람들이 내리치는 날카로운 처벌의 칼날에 베이지 않기 위해 애쓰는 과정이었다.

대학에 가서도 친구들은 혼자 자란 나를 두고 이러쿵저러쿵 한마디씩 했고, 결혼을 하고 나서는 고생 한번 안 해서 애를 키울 수나 있을까 싶었다는 말을 하는 사람도 있었다. 그래서 나는 어쩌면 글을 쓰고 있는 것일지도 모르겠다. 그들이 알지 못하는 나의 고생을 하나하나 꺼내 놓기 위해서.

### 첫째 아이, 동생이 태어나기 전에는 외동이었다

정신 분석학자 알프레드 아들러는 개인의 성격 발달에 출생 순서가 영향을 미친다고 보았다. 첫째는 책임감이 있고 권위적이면서도 규율에 쉽게 동조하는 성향, 둘째는 경쟁적인 성향, 막내나 독자는 독립심이 낮고 응석받이의 성향이 있다고 했다. 스스로 삶을 개척하다시피 한 독립투사인 나에게 독립심이 낮다는 말은 억울하기 짝이 없다.

사실, 심리학자들 중 어느 누구도 출생 순서가 성격에 영향을 미친다는 아들러의 주장에 동의하지 않았다. 단 한 사람도 동의하지 않았다는 것이 놀라울 정도이다. 나의 구원자인 심리학자들에게 경의를 표하는 바이다. 심리학자들은 출생 순서와 관계없이 개인의 타고난 기질과 양육자의 태도, 양육 환경에 의해서 성격이 형성된다고 본다.

사람들은 보통 첫째에겐 형이니까, 언니이니까 모범을 보여야 한다며 부모가 생각하는 첫째의 자질을 주입한다. 둘째는 알아서 크게 내버려 두고, 막내나 독자는 짠한 마음에 자유방임이나 과보호 둘 중의 하나의 양육 태도를 선택하는 경우가 많다. 즉 출생 순서가 성격을 결정하는 데 영향을 미치는 것이 아니라, 출생 순서에 대한 부모의 양육 태도와 사고방식이 성격에 영향을 미친다고 하는 것이 더 적확한 표현이다. 이것이 성격 형성의 핵심 본질이다.

첫째도 둘째가 태어나기 전까지는 독자였고, 둘째도 셋째가 태어나기 전까지는 막내였다. 독자의 성격적 특징을 가졌던 아이가 둘째가 태어나는 순간 갑자기 첫째의 성격으로 바뀐다면 출생 순서라는 변수가 고정불변의 값이나 주어진 값이 아니라는 이야기이다. 그러니 출생 순서별로 성격이 정해진다는 것 자체가 모순인 셈이다.

둘째로 자라 외로운 친구가 있었다. 언니와 남동생 사이에 끼어서 독립적으로 생활해야 했고 가족들에게 생일 축하 한번 제대로 받아 본 적이 없다. 생일이면 혼자서 미역국을 끓여 먹으면서도 헤헤 웃던 친구였다. 경쟁적이기는커녕 항상 가족들을 위해 음식을 준비하고 언니와 남동생에게 무언가를 양보하는 것이 일상이었다. 그것이 친구가 가족들에게 사랑받기 위해 선택한 방법이었으며 생존 전략이었다. 그 친구 말고도 출생 순서별 성격을 배반하는 친구들은 여럿 있다.

## 모든 사람은 사랑받고 싶어 한다

아이는 그저 관심받고 사랑받기 위해 애쓰는 존재이다. 사랑받기 위해서 자신의 어떤 것도 바꿀 수 있다. 첫째라는 자리에서 '첫째이기 때문'이라는 메시지에 자신을 끼워 맞춘 것일지도 모른다. 혹은 나처럼 독자에 대한 편견을 깨기 위해 고군분투하는 것이 삶 자체였던 사람도 있다.

간혹 동네를 배회하거나 혼자서 놀이터에서 노는 아이를 볼 때면 꼭 가서 말을 건넨다. 연민인지 유대인지 모를 쓰리고 아린 감정이 떠올라 혼자가 아니게 만들어 주고 싶어서이다. 홀로 자기 자신을 붙잡고 있는 모습을 보면 나도 혼자 나를 붙잡고 있던 때가 떠오른다. 그럼에도 내가 이렇게 잘 컸다는 걸 보여 주고 싶은 그런 마음이랄까. 내가 겪은 일을 혹시나 그 아이도 겪을지 모르기에 마음속으로 조용히 응원하는 것이다. 그리고는 다정히 물어보고 싶다.

"무엇을 하고 있니? 그렇게 혼자서. 우리 같이 놀래?"

아이들 혹은 어른이 된 내면의 아이들을 너무 많은 잣대로 찌르지 않기를 바란다. 혼자인 어떤 누구도 삶의 궤도를 이탈하지 않도록 '우리'라는 이름을 붙여 보자. 그러면 모두가 빛나는 혼자이자 허물어지지 않는 우리가 되지 않을까. 사람을 어떤 것으로도 규정하지 않고 특정하지 않는 순간 영혼의 무한성을 만나게 될지도 모르니까.

# 인류가 만든
# 가장 최악의 말은
# '정상'이다

### 정상 심리와 이상 심리

세상에서 살면서도 세상을 향한 문을 걸어 잠근 사람들이 있다. 속마음을 발설하지 못해 침묵하면서 아픈 사람들. 마치 아프기 위해 세상에 온 사람들처럼. 이 세상에 적응하기가 힘든 나머지 끝나지 않은 인생에서 끝나 버린 마음들이 있다.

영원히 닿지 않는 두 개의 선로처럼 아무리 해도 닿을 수 없는 세상의 질서와 어떤 마음. 우리는 흔히 그러한 마음을 정신 장애라고 일컫는다. 영어로 쓰면 'Mental Disorder'이다. Disorder에는 장애라는 뜻도 있지만 무질서라는 뜻도 있다. 우리말의 장애가 영어로는 무질서가 되는 셈이다. 장애라고 쓰니 무언가 문제가 많아 보이는 것처럼 느껴지다가, 무질서라고 쓰니 별것 아닌 것처럼 느껴진다. 가끔 질서에서 벗어난 사람들이 특별해 보이기도 하니까.

방을 막 어질러 놓고 사는 사람은 남들이 보면 굉장히 이상해 보인다. 하지만 정작 본인에게는 어지러운 가운데 자신만의 질서가 있다. 잭 니콜슨이 연기한 영화 〈이보다 더 좋을 순 없다〉의 주인공 멜빈 유달은 거리를 걸을 때 금을 밟지 않고 직선으로 걷다시피 한다. 남들이 보면 희한한 모습이 그에게는 하나의 질서이자 규칙인 것이다. 방을 깨끗이 정리하는 사람의 입장에서는 어수선한 방에도 질서가 있다고 말하는 사람이 이상한 사람으로 보일 것이다. 땅바닥의 금 같은 건 안중에도 없는 사람 눈에는 멜빈 유달이 '정신병자'일 것이다.

사람이 상대에게 가장 분노하거나 상대를 가장 깎아내리고 싶을 때 고래고래 소리를 지르면서 하는 말이 "이 정신병자야"가 아닐까. 이는 아마도 정신 병리학에서 파생된 말일 것이다.

심리학에서 정상 심리에 대응하는 말은 이상 심리이고, 의학에서 정신 건강에 대비되는 말이 정신 병리이다. 이는 마음의 문제를 바라보는 관점의 차이에서 비롯된 용어이다. 심리학에서는 정상과 이상을 일련의 연속선상에서 이해한다. 즉 누구나 정상과 이상의 특성을 갖고 있고, 어느 정도 심리적 문제를 갖고 있다고 보는 것이다. 하지만 의학에서는 이를 질병으로 본다. 몸에 병이 있는 것처럼 마음에도 병이 있다고 보는 것이다. 따라서 심리학에서는 '증'이라고 표현하고 정신 의학에서는 '병'이라고 표현한다. 심리학에서는 정신 분열증으로, 정신 의학에서는 정신 분열병으로 표현되는 것이 그 예이다.

심리학에서는 하나의 현상이 정신 의학에서는 고쳐야 할 병이 되는 것이다. 이해가 당위가 되는 순간이 아니던가. 의사이고 병원이니 병을 다루어야 하고, 그러니 병으로 표현하는 것이 어찌 보면 당연한 일이겠지만. 아무리 그래도 병이라는 말보다 증상이라는 말이 더 나아 보이는 건 단순히 내가 심리학 전공자여서만은 아닐 것이다. 그렇지 않은가?

### 정상과 이상은 따로 없다

다수의 사람이 하지 않는 행위라고 해서 그것이 이상하다고 결론 내릴 수 있는 것일까. 이 질서라는 것은 누구의 관점에서 질서일까. 최초로 이 질서를 만들어 놓은 사람은 누구일까. 우리는 과연 누구의 손 안에서 움직이고 있는 것일까. 사회의 질서를 위해 개개인이 하나의 규칙으로 통합되는 것은 옳은 일일까. 개개인의 개성을 살리는 일 대신 질서를 유지하는 것은 누구에게 가장 좋은 일일까.

우리는 어떤 질문에도 쉽게 답할 수 없을 것이다. 아니, 이미 내면에서는 어떤 답이 나왔을지도 모른다.

'인류가 만든 가장 최악의 말은 정상이다'라는 말이 있다. 정상과 이상의 구분이 모호하면서도 거의 한 끗 차이이고, 누구든지 정상과 이상의 경계점을 넘나들 수 있으니까. 무엇보다 정상과 이상의 구분은 사회 문화의 영향을 받아 얼마든지 변해 왔다. 예를 들어 현대 사회에서는 ADHD(주의력 결핍 과잉 행동 장애)가 장애에 해당하지만 수렵과 채집 생활을 하던 인류에게는 당연한 행동이었다. 지금은 대체로 앉아서 공부하고 업무를 하는 등 정적으로 일하는 환경이다. 하지만 최초의 인류는 끊임없이 생존을 위협하는 외부 세계에 둘러싸여 있었기 때문에 한곳에 가만히 있지 못하고 계속해서 두리번거려야 했다.

인간이 만들어 낸 규칙과 사회 분위기가 어쩌면 인류의 본성을 꺾어 놓고서는 비정상 혹은 이상이라는 수식어를 붙여 놓은 것은 아닐까. 통제되기 딱 좋게 말이다. 교실에서 한 아이가 호기심에 자꾸만 번잡스럽게 굴면 교사가 통제하기 힘들어지는 것처럼 우리는 거대한 시스템으로부터 통제되고 있는 것일지도 모른다.

이제 병과 증을 아우를 수 있는 정신 장애라는 용어가 생겼다. 누군가의 인격과 관련 지어질 수도 있는 단어 선정은 항상

신중해야 한다. 낙인이 되어 그를 사회적으로 격리하고 배제할
수도 있는 단어라면 더더욱.

### 나에게는 나에 방식이, 너에게는 너의 방식이 있다

한 지인이 우울증을 치료하기 위해 상담을 받고 있다. 굳이
알려야 할 필요가 없어 직장 동료들에게 알리지 않았지만 소문
에는 날개가 달리지 않았던가. 몰랐으면 싶은 것들은 원래 더
빨리 전해지는 법이다.

소문을 들은 상사가 지인을 불렀다. 상사는 우울증 하나도 제
마음대로 하지 못해 상담을 받으러 다니느냐고, 그런 건 의지로
이겨 내라고 명령하듯 말했다. 그리고 괜히 조직 내의 분위기를
흐리지 말라고도 했다.

지인이 조직 내의 분위기를 흐리는 진짜 주범이 맞을까? 오히
려 남의 우울증에 대해 구시렁거리고 불러서 충고까지 하는 사
람들이 물을 흐리고 있는 것이 아닐까. 자신들의 질서에서 벗어
났다고 생각하는 사람을 질서 내로 끌어오는 방법은 때로 이처
럼 폭력적이다.

나는 오염에 대한 결벽이 있다. 외출복을 입고 집에서 그냥
돌아다니지 않는다. 텔레비전에서 가끔 남의 집에 가서 함부로
침대에 눕는 출연자들을 볼 때면 내 집이 더럽혀진 기분이다.

특히 손의 결벽이 심해서 하루에도 손을 수십 번 씻는다. 핸드폰도 씻거나 알코올로 소독하고, 밖에서 들고 돌아다닌 물건은 그냥 집에 들이지 않고 꼭 씻거나 다른 용기에 옮겨 담는다. 새로 산 물건도 그냥 가방에 집어넣지 않는다. 일회용 티슈 하나를 사더라도 씻어서 가방에 넣는다. 그 장면을 자주 목격한 어떤 이가 이상하다는 듯 그걸 왜 씻는지 물었다. 나의 물건을 내가 씻는데도 왜 그걸 설명해야 하는 것인가. 그래서 굳이 대꾸하지 않았다.

이러한 결벽 때문에 가장 많이 들어야 했던 말이 '미친년'이다. 열심히 씻기 위해서는 때로는 남들보다 부지런해야 하고, 또 때로는 피곤하기도 하다. 하지만 물건을 씻는 행위는 나에게 나만의 의식이자 질서이며 일상이다. 나에게는 당연한 일이 누군가에게는 미친 행위였다. 나의 입장에서는 화장실에 다녀와서 손도 씻지 않는 그들이 오히려 미친 사람이라는 것을 그들은 모를 테지만. 나의 기준에 맞지 않는 사람을 가벼이 미친년이라고 칭할 수 있는 사회라면 우리는 서로에게 얼마든지 미친 사람이 될 수 있다.

사회는 발달 단계와 행동 모델을 제시하면서 그러한 사회 패러다임이 제시하는 규범에서 벗어나면 미쳤다고 여긴다. 기성 시스템 안에서 다양성이란 존재할 수도 없으며 이미 죽은 것이리라.

　개체로서의 삶이 하나로 뭉뚱그려지는 순간 나는 나이고 너
는 너일 수 없다. 그러므로 내가 아닌 너에 대해서도, 네가 아닌
나에 대해서도 섣불리 아는 척하지 않는 너그러움이 필요하다.
질서에서 잠시 이탈한 마음을 볼 때는 눈을 뜬 상태에서도 눈을
떠야만 하는 것이다. 세상으로부터 이상 판정을 받았다 할지라
도, 각자에겐 각자의 마음을 길어 올리는 방식이 있는 법이다.

# 내가
# 예민한
# 이유를
# 찾는다면

---

· 감정에 대하여 ·

# 내가 원하는 나,
# 남들이 원하는 나,
# 원래의 나

**자기 개념**

 

지금의 남편이 남자 친구이던 시절 함께 심리 검사를 받은 적이 있다. 우리는 마치 시험 문제를 대하듯 열심히 심리 검사에 임했다. 아마 한국인의 대부분이 시험 치르듯 심리 검사지를 풀 것이다. 우리는 내 마음을 알고 싶을 때조차 치열해지곤 하니까. 남자 친구는 문맹인 사람처럼 고개를 끊임없이 갸우뚱거리며 이 질문이 도대체 무슨 뜻인가를 물었다. 답을 고르는 데도 애를 먹었다. 옆에서 지켜보던 나는 자기 자신을 몰라도 이렇게 모를 수 있는 건가 하고 의아하기만 했다. 저걸 저렇게까지 심사숙고하는 그의 모습에 답답함과 피로함이 몰려들었다.

어쨌든 검사를 마치고 시간이 흘렀고 우리는 드디어 결과를 받아 들게 되었다. 그런데 상담사와 이야기를 나누면서 그는 더 혼란에 빠져드는 듯 보였다. 지금껏 살아온 자신의 모습과 결과지에 나온 자신의 모습 사이에 차이가 너무나 컸기 때문이다.

알고 보니 그는 진짜 자기 모습에 해당하는 답에 체크를 한 것이 아니라 자기여야만 하는 자기나 이상적으로 생각하는 자기의 모습에 해당하는 답에 체크를 한 것이다. 가장 솔직해져야만 하는 순간조차 그는 스스로를 속이고 있었다. 심지어 자신을 속이면서도 그 사실을 알지도 못했다. 마음속 자신의 이상형에 대한 미련을 차마 버릴 수 없었던 것이다.

검사를 다시 해야만 했다. 이번에는 정말 솔직하게 검사에 임해야 한다는 신신당부를 받으면서 다시 한 검사에서는 처음의 검사 결과와 정반대의 결과가 나왔다. 그는 지금껏 실제의 자기 모습과 정반대의 모습이 '진짜 남자답고 멋있는 사람'이라는 신념을 가진 채 그 틀에 자신을 구겨 넣으며 살아왔음을 고백하게 되었다.

나는 작가가 되고 나서 작가가 글보다 이미지로 먹고사는 존재라는 사실을 절감했다. 글이 아무리 성숙해도 그 글을 쓴 작가가 아이 같은 행동을 하는 것을 독자들이 눈치챈다면 내가 쓴 글도 동시에 가치를 잃을 것이기에. 집에서는 가족들에게 아무리 생떼를 쓰고 패악질을 부려도 바깥에서는 뭔가 있는 척, 어른스러운 척 굴어야 한다.

무엇보다 나는 지적인 이미지를 버릴 수 없는 사람이었다. 그래서 사람들에게 비친 나의 이미지는 진지함 그 자체였고, 때로는 차갑고 냉정했다. 본래의 명랑하고 철이 덜 든 나의 모습이 빼꼼 고개라도 내밀면 사람들은 몹시 실망하는 눈치였다. 그러면 나는 엄숙하고 우아한 모습을 강화하며 목소리를 낮게 깔곤 했다.

한동안 사람들 사이에서 자유롭지 못하고 자꾸만 다른 사람을 의식하는 나의 모습을 깨닫고 방황하기도 했다. 사람들이 알고 있는 나의 모습과 내가 알고 있는 나의 모습 사이에 격차가 컸던 것이다. 만나는 사람이 누구냐에 따라서 전혀 다른 모습을 연출한 적도 많았다. 그 덕분에 어떤 사람은 나를 무척이나 여성적인 사람으로 보는가 하면, 어떤 사람은 나를 그와 정반대로 보았다.

나는 진짜 내가 어떤 사람인지 모른 채 내 안에 진짜 나의 모습이 있기는 한지, 진짜 내 모습을 누가 좋아해 주기는 할지에 대한 물음에 어떻게든 답하고 싶었다. 그래서 만나는 모두를 붙잡고 보이는 나와 진짜 내가 일치하는지 물어본 적도 있다. 늘 한결같은 사람은 없다는 사실을 증명이라도 받고 싶은 사람처럼. 아니, 늘 한결같은 사람을 스승으로 모시고자.

## 나는 어떻게 성장한 사람인가

이처럼 '현실의 나'와 '이상의 나'가 불일치하는 원인을 찾기 위해서는 어린 시절까지 거슬러 올라가야 한다. 많은 사람이 부모는 아이를 무조건적으로 사랑한다고 생각한다. 하지만 인간은 아무리 부모가 되어도 그리 완벽할 수만은 없는 존재이다. 대부분의 부모가 조건적 가치나 조건적 관심을 아이에게 보인다. 자신의 이상적 자아상에 아이가 들어맞기를 원하고, 심지어 자신의 이상형에 가장 부합하는 아이를 편애하는 것도 마다하지 않는다.

아이들은 누가 가르쳐 주지 않아도 본능적으로 어떻게 하면 사랑받는지 안다. 그래서 기꺼이 부모의 기대에 부응하기 위해 애쓴다. 반대로 부모에게 받아들여지지 않을 것 같은 자신의 모습은 회피하거나 부정한다. 부모에게서 자신의 선택을 거절당하거나 무시당했다면 부모로부터 존중을 얻기 위해 자신의 가치를 무시하게 된다. 결국 부모의 신념, 판단, 태도 등을 아이 자신의 것으로 받아들여 부모의 삶을 대신 사는 지경에 이른다. 이런 과정이 지속되면 아이들은 '지각된 자기'와 '진정한 자기' 간의 불일치를 경험하면서 자기가 누구인지, 어떤 사람이 되어 어떤 삶을 살지 모르는 어른이 되어 버린다.

물론 부모만의 영향은 아니었을 것이다. 착한 아이만 좋아하는 학교 선생님이 영향을 미쳤을 수도 있고, 자기 마음에 들지 않으면 우정을 끊어 버리겠다는 친구 또한 한몫했을지도 모른다. 우리는 모두 생존에 대한 욕구 혹은 본능으로 나를 꾸미고 바꾸기 시작했을 것이다. 그리고 결국 타자화된 나만이 살아남고야 말았다. 이상 속 이미지 자체를 신성하게 모시며 절대 깨지지 않도록 돌보고 또 돌보면서.

인본주의 심리학의 대표 학자인 칼 로저스는 개인이 품고 있는 자기 자신에 대한 관념을 '자기 개념'이라 불렀다. 자기(Self)란 사람이 자기 자신에게 갖고 있는 조직적이고 지속적인 인식을 말하며 성격 구조의 중심이다. 개인은 성장하는 과정에서 주변 환경의 영향을 받으며 자신에 대한 생각과 평가, 태도, 즉 자기 개념을 형성한다.

현실적인 자기와 이상적인 자기 사이에 일치되지 않는 이미지를 갖고 있다면 그 사이에서 갈등을 빚는다. 열등감, 피해 의식, 비교 의식 속에서 불행감을 느끼고 더 나아가 우울증까지 경험할 수 있다.

로저스는 건강한 자기가 발달한 사람은 새로운 경험에 개방적일 뿐만 아니라 자신의 감정을 수용하고, 과거에 얽매이는 것이 아니라 현재를 충실히 살아간다고 설명한다. 즉 건강한 자기는 가면을 벗고 진정한 자기 자신으로 존중받을 때 비로소 발달할 수 있다.

로저스는 심리적으로 건강한 사람을 가리켜 '충분히 기능하는 사람'이라고 말했는데, 충분히 기능하는 사람의 특징은 다음과 같다.

첫째, 경험에 대한 개방성을 가진다. 개방성은 자신이 경험한 것을 왜곡하거나 부정하지 않고 있는 그대로 현실적으로 수용하는 자세이다. 충분히 기능하는 사람은 자신의 자아상과 불일치하거나 고통스러운 경험에 대해서도 부정하거나 왜곡하지 않는다.

둘째, 실존적인 삶에 가치를 둔다. 이는 '지금 여기'에 초점을 맞추고 현재에 최선을 다하며 충실한 삶을 살아가는 자세를 의미한다.

셋째, 자신에 대한 신뢰를 가진다. 충분히 기능하는 사람은 어떤 상황에서든 자신의 선택과 결정을 신뢰한다. 반면에 그렇지 못한 사람은 상황을 판단하거나 행동할 때 스스로에게 의존하기보다 사회적 가치나 규범을 따르고 타인의 결정에 의존하려는 경향이 있다.

넷째, 자유로운 경험을 한다. 충분히 기능하는 사람은 자신이 선택한 인생을 자유롭게 살아간다. 자유 의지로 선택하고 결정하며 자신의 결정과 결과에 책임지고 사회적 가치나 타인의 평가를 두려워하지 않는다.

다섯째, 창의성을 가진다. 충분히 기능하는 사람은 자신의 결정과 행동에 융통성을 가지고 있어서 스스로 새로운 삶을 창출해 갈 수 있다. 따라서 사회 문화에 무조건 동화되지 않으며 자신의 욕구를 충족시키면서 조화롭게 살아가려고 노력한다.

### 남자 못지않은 여자로 살겠다는 마음의 의미

어린 시절 아버지는 가끔 내가 남자애가 아닌 것에 아쉬워했다. 나에게 강한 사람만이 세상을 살아갈 수 있다는 메시지를 끊임없이 던졌다. 그래서 나는 남자 못지않은 여자가 되겠다고 다짐하며 강인하고 거친 남자처럼 행동했다. 강인한 나만 남겨두고 약한 나는 모조리 숨겼다. 어떤 날은 남자처럼 볼일을 보겠다고 하다 바지를 소변으로 다 적시기까지 했다.

다 자라서도 이런 나의 행동은 여전했다. 이 사람이 나의 이런 점을 좋아하면 이렇게 행동하고, 저렇게 되기를 바라면 저렇게 되는 것도 마다하지 않았다. 그랬더니 나는 나로 사는 것이 아니라 나여야만 하는 나, 타인에게 받아들여질 수 있는 나로 살고 있었다. 한마디로 이미지화된 나만 지독히도 살아남았다.

자아는 주로 외면 세계의 영향을 받아 구축되고, 나를 둘러싼 사람과 환경은 언제든지 나의 삶과 가치나 노력에 영향을 미칠 수 있다. 더 나아가 누군가는 나의 어떤 모습을 틀렸다고 말할 수도 있다. 나에 대해 그렇게 말하는 것에 어떠한 수고와 고통도 감수하지 않아도 되기 때문에 너무나 쉽게 나를 규정해 버린다. 결국 건강하지 못한 자기 개념을 가진 사람은 남에 의해 휘둘리고 분해되며 현실적인 자아와는 괴리된 행동을 하고 만다.

누구나 이상적인 자기 모습을 만들어 놓고 그에 다가가기 위해 애쓴다. 하지만 그러한 노력 자체가 내재적 요인과 동기에 의한 것이 아니라 외재적 강요와 외부로부터의 관심을 받기 위한 것이라면 우리는 또 얼마나 불행한 삶을 살아가는 것일까.

실제의 자아와 이상의 자아 사이의 내적 불일치를 자각했다면 그에 대한 경각심을 가져야 한다. 나에 대한 불편한 감정과 부정적인 판단을 최대한 멀리해야 한다. 그런데 나의 진짜 모습을 멀리한 꼴이라니. 우리는 때때로 남에게 사랑받기 위해 나를 사랑하지 않음도 마다하지 않는다는 사실을 기억하자.

# 일찍
# 어른이 된 아이가
# 놓친 것들

❧

**감정의 상실**

주변에 일찍부터 어른이 된 것을 자랑스러워하는 사람이 몇 있고, 그를 억울해하는 사람이 몇 있다. 자랑스러워하는 사람은 자신의 어른스러움에, 억울해하는 사람은 자신이 잃어야 했던 것에 방점을 찍은 것이리라. 결론은 이러나저러나 같은 것이겠지만.

어린 시절을 상실하고 일찍 어른이 된 사람은 감정의 공백을 자주 경험한다. 어린 시절을 잃을 때 자신의 감정도 같이 상실해 버린 탓이다. 어린 나를 어른인 척 분칠하는 사람도, 아이의 때에서 벗어나지 못해 자기를 꼭 끌어안고 있는 사람도 마찬가지이다. 다만 상실이 우리의 마음을 어떤 식으로 활보하고 다니는지를 몰랐을 뿐.

또래보다 어른들과의 교류가 더 많았던 덕에 자신이 일찍 철이 들었다고 주장하던 사람이 있었다. 할머니 밑에서 자라다 보니 할머니와 할머니의 친구들, 그야말로 할머니가 대부분인 세상에서 자랐다. 사실, 나이가 들면 아이처럼 철이 없어지는 사람이 많기 때문에 할머니들에 둘러싸여 자랐다는 것 자체가 그가 일찍 철이 들었다는 사실의 근거는 되지 않을 것이다. 어쨌든 그는 여전히 자신이 어린 사람보다 나이 많은 사람과 말이 더 잘 통한다고 했다. 왜 자꾸만 자신의 어른스러움을 자신이 만나는 사람이나 자신의 곁에 있는 사람을 통해 증명해야 하는지는 모르겠지만.

그런데 그는 감정이 흘러넘쳐 잔여 감정을 어떻게 처리할지 알지 못했다. 복잡한 감정 속에서 종종 길을 잃었다. 화를 주체하지 못해 부들부들 떠는 일도 잦았다. 극심한 우울감에 기분이 바닷속으로 끝없이 하강했다 뭍으로 올라왔다를 반복했다. 불면증에 시달렸고 불안감이 엄습해 와 자다가도 벌떡 일어나 울었다. 감정의 변화를 다 겪을 때까지는 자신의 일에서조차 손을 떼고서 정물화처럼 굳어 있기도 했다.

그는 어릴 때부터 성숙했던 것이 아니다. 오히려 어릴 때 성장을 멈추어 버려 어른이 된 지금 자신의 감정을 감당할 수 없었던 것이다. 그의 내면은 아직 자라지 않은 아이였으므로. 자신의 성장이 멈추었다는 것을 인지하지 못하고서 자신이 다 큰 줄로만 착각하면서.

## 영혼도 성장하는 시기가 있다

어린 시절을 잃고 감정을 잃은 사람은 감정을 어떻게 처리하고 표현해야 하는지 알지 못한다. 해 본 적 없으니 할 수 없는 것은 당연하다. 그래서 어떤 감정에서 쉽게 헤어나지도, 감정을 잘 조율하지도 못한다. 자연스레 밖으로 표현되었어야 할 감정이 쌓이고 쌓여 어느 순간에는 통제할 수 없을 정도로 밖으로 빠져나오고 폭발해 버리는 것이다.

우리의 자아는 발달의 과정을 고스란히 다 겪어야 마침내 힘이 생긴다. 어릴 때는 최대한 어린 시절을 누리며 어린아이로 살아야 자아의 빈곤에 빠지지 않으며 특정한 나이대에 갇히지 않는다. 몸은 성장해도 영혼은 어린 나이에 성장이 끝나 버리고 멈추어서 성숙하지 않는 것이다.

유아, 아동, 청소년의 때를 겪지 않은 채 어른이 되는 사람은 아무도 없다. 영혼도 마찬가지이다. 그런데 왜 정신과 마음, 영혼은 모든 단계를 뛰어넘어 아이에서 바로 어른이 될 수 있다고 믿는 것인지.

마음껏 어릴 수 없고 일찍 세상을 알아야 했던, 집안일을 하며 어른의 역할을 해야 했던, 부모 대신 동생을 돌보아야 했던 사람은 당시에 존엄한 대상이었다고 할 수 없다. 아이에게 어른의 일을 시키며 강제로 아이의 때를 끝내게 만든 것이 어찌 존엄하다 할 수 있을까.

어린 나를 일찍 포기하고 반납했던 사람은 심리적으로 인간관계를 유지하기 힘들고 감정적으로 외로워진다. 죄책감, 감정적으로 얽매여 있는 것 같은 기분, 억압된 분노, 비이성적인 사고, 불안과 과도한 욕구 불만, 정서 조절의 부재, 자기중심적 태도 등의 문제를 겪는다. 물론 모두가 이런 문제를 겪지 않을 수도 있다. 믿고 싶지 않을 수도 있다. 하지만 우리의 문제는 우리가 믿건 믿지 않건, 인정하건 하지 않건 일어날 수 있다. 상처란 세상에서 가장 성실하므로.

## 감정의 나이를 찾아서

초등학생일 때 친구에게 "너는 너무 어리다"는 이야기를 들었다. 그래서 어떻게 하면 더 어른스러울 수 있을지 고민했다. 아버지에게서 강해져야 한다는 이야기를 끊임없이 들었다. 강한 사람이 되기 위해서는 힘들다고 징징거릴 수도, 떼를 쓸 수도,

울 수도 없었다. 엄마의 하소연을 묵묵히 견뎠다. 어른들의 세계는 아름답지 않구나, 남편이 아내를 아주 쉽게 배신할 수 있는 거구나, 돈이 없다는 것은 힘이 없다는 뜻이구나, 세상은 강한 자 앞에서 아주 쉽게 허리를 굽히는구나, 그래서 권력을 가져야 하는 거구나. 어린 나는 아직 마주하지 않아도 좋았을 세상을 깨달았다.

어릴 때부터 이미 어른이었던, 자신은 성숙하다고 믿었던 사람이 실은 감정적으로 가장 미성숙한 사람이라는 아이러니를 우리는 과연 인정할 수 있을까. 인정하기 어려워 잡아 본 적 없는 감정의 실체 같은 건 나와 분리하고서 결점이 되지 않게 숨길 수 있을 것이다. 그런데 모른 척 눈감는 것이 나에 대한 위로가 될 수 있나.

사람마다 감정의 나이라는 것이 있다. 어린 시절을 빨리 끝낸 사람일수록 감정의 나이가 어리다. 그리고 육체적 나이가 아니라 감정의 나이가 삶의 전반에 영향을 미친다. 다 커서 제2의 사춘기가 왔다고 느껴지는 건 실은 성장이 멈춘 내면의 나이를 이제야 깨닫는 것일 수도 있다.

다행인 일은 감정의 나이를 언제든지 회복할 수 있다는 것이다. 이는 자신이 놓치고 살았던 어린 시절의 정보를 모으는 것에서부터 시작된다. 내가 잃었던 감정을 확인하는 것에서부터 말이다.

정서적으로 어릴수록 성숙해 보이는 것에 집착한다. 열등감이 심한 사람이 겉으로 보이는 것에 집착하는 것과 비슷한 이치이다. 성숙이라는 겉모습에 갇혀 어린 내가 보이지 않고 어린 나를 위로할 기회마저 잃는다. 이제 피어나지 못한 꽃에 물도 주고, 노래도 불러 주고, 바람과 햇살을 맞게 해 주며 영혼의 성장을 기다려 보자. 경건하게.

# 네가 한발 다가오면
# 나는 두 발
# 물러서게 돼

❧

**애착 유형과 결핍**

 

항상 100일이 고비였다. 연애가 시작된 지 100일쯤 되면 상대는 가까워질 것을 기대하고, 나는 멀어질 것을 대비했다. 무언가를 깊이 나누어 본 적 없는 탓에, 행복과 기쁨에 익숙하지 않은 탓에, 순수한 사랑이 있을 거라 믿지 않은 탓에 나는 도망만 다녔다. 사랑에 빠져드는 순간 어서 헤어 나와야만 한다고 나를 다그쳤다. 너무 좋아하는 사람에게는 더 선을 그었다. 그래서 상처 입혔고, 상처 입었다.

두 개의 마음이 있었다. 너무 좋아해서 나를 버려도 좋을 마음과 버려질까 봐 두려운 마음. 나를 내던져야 하는 순간마다 버려질까 봐 두려운 마음이 부서져도 좋을 마음을 번번이 이기고야 말았다. 나를 한참 많이 사랑하던 사람에게는 더 가혹했으리라. 깊은 사랑이 얕아지거나 아직 오지도 않은 이별의 날이 두려워 먼저 이별을 고하고는 했으니까. 어떤 이에게는 마른하늘의 날벼락이었을 것이다.

그렇게 마음은 철썩철썩 파도를 쳤다. 파도에 휩쓸려 빠져 버리고 싶은 욕망과, 파도 소리에 멀미를 일으켜 바다에 발조차 담그지 못하는 자기 보호 본능이 서로 뒤엉킨 채. 그토록 보고 싶은 바다였는데 막상 보고 나니 아무것도 없는 느낌. 사랑은 나에게 그런 느낌이었다. 막상 빠져든 사랑이 별것 아니더라는 허무한 느낌과 이후에 있을지도 모르는 안락 사이에서 우왕좌왕하곤 했으니.

### 너와 내가 사랑하는 방식이 다른 이유

어릴 때 친밀하고 다정한 애착의 경험을 제대로 해 본 적 없는 사람은 먼 훗날 성인이 되어 다른 관계에서도 애착의 공허를 재생한다. 부모에게 친밀한 정서적 안정을 경험하지 못한 아이는 본 적 없는 애착을 시도할 근거가 없는 것이다. 인간이란 학습하는 존재이지 않던가. 배운 적 없는 것은 재현하지 못하고 배운 대로만 재현하는 학습의 동물이다.

애착이란 어릴 때 아이와 양육자의 사이에서 발달하는 단단하고 정서적인 결속 및 유대감이다. 이 관계의 질에 따라 자신만의 정서적 능력을 키워 나갈 수 있다.

캐나다 사이먼 프레이저 대학교의 킴 바솔로뮤와 미국 스탠퍼드 대학교의 레너드 호로위츠는 성인의 애착 유형을 크게 안정 애착과 불안정 애착으로 구분했다. 그리고 불안정 애착을 몰입형, 무시형, 두려움형으로 구분했다. 이는 어린 자기와 타인이 믿을 만한 존재이냐 그렇지 않느냐에 따라 달라진다.

안정형은 자기와 타인 모두 긍정적으로 인식하기 때문에 관계에서 편안함을 느낀다. 이들은 상호 의존적이면서도 혼자가 될까 봐 두려워하거나 거절을 당할까 봐 걱정하지 않는다.

무시형은 자기에 대해서는 긍정적이지만 타인에 대해서는 부정적이다. 그렇기 때문에 타인의 눈치를 보지 않는다. 타인은 불편함을 느낄지라도 본인은 타인과 잘 지낸다고 생각한다.

몰입형은 자기는 부정적으로, 타인은 긍정적으로 인식한다. 그래서 항상 다른 사람들과 가까이 지내기를 원하면서도 타인이 이를 싫어할까 봐 걱정한다.

두려움형은 자신과 타인 모두를 부정적으로 인식한다. 자신도 타인도 모두 믿을 수 없는 존재라고 생각하기 때문에 관계가 힘들다. 친밀한 관계를 맺고 싶으면서도 타인을 신뢰하거나 의존하기 어려워한다. 그리고 사람들이 자신과 가까워지면 자신의 못난 모습에 실망하고 그 때문에 자신이 상처받을까 봐 두려워한다.

부모가 자녀에게 좋은 양육 태도를 가지고 적절하게 돌보아 준다면 아이의 기질에 관계없이 안정적인 애착 유형을 가지게 된다. 그런데 만약 적절하게 발달하지 못한다면 애착이 해로운 형태가 되고 성인 이후의 관계에도 영향을 미칠 수 있다. 애착 손상을 입으면 사람을 신뢰할 수 없게 되고 버림받을지도 모른다는 두려움을 갖게 된다.

### 나는 어떻게 지독한 회피형 인간이 되었나

나는 회피형 애착의 전형이었다. 나에 대한 사랑이 식을까 봐 연인과 사귄 지 100일을 넘기기 전에 먼저 이별을 고했다. 타인과 일정 수준 이상 친해지면 불편한 나머지 거리감을 두었다. 어린 시절 아버지는 불같았고 또 불같았다. 그리고 엄마는 차가웠고 또 차가웠다. 아버지는 폭력적이면서도 나에게 집착했고, 엄마는 자신의 슬픔에 빠져 나에게 무관심했다. 이 극단의 양자 사이에서 사랑을 가슴에 새기기가 어려웠다. 가족과의 관계는 불안정함의 시작이자 끝이었다. 상처받을 것이라면 피하는 것이 최선인.

이후에 친밀하고 깊은 관계를 통해 부족한 사랑과 믿음을 채웠으면 좋았을 테지만, 그럴 만한 경험이 별로 없었던 탓에 사람에게 기대하지 않게 되었다. 신뢰하거나 기대하지 않으니 관계 자체가 불필요해졌고 관계에 속박될 이유도 없었다.

관계에서는 무엇보다 거리를 유지하는 것이 중요했다. 누가 나의 비밀이나 정보를 알려고 하거나 사생활에 깊이 관여하려고 들면 밀어내곤 했다. 상대가 한 발짝 다가오면 두 발짝 물러서면서 경계를 짓고, 빠르게 다가오면 더 빠르게 도망가 버리면서. 남의 경계를 침범하지 않으니 나의 경계도 누가 함부로 침범하는 것을 못 견딘 것이다. 아무리 연인이라고 할지라도.

그렇게 선 하나 지키는 것을 마치 자존심 지키듯 했다. 하지만 그런 나에게는 망망한 영혼 위에 점 하나 찍지 못하고 상실하는 능력만 있을 뿐이었다. 인간은 서로의 몸을 열고서 계절과 시간의 이야기를 함께 쓰며 존재가 실재되는 특이하면서도 아름다운 경험을 한다. 하지만 그러한 귀한 경험이 아무에게나 허락되는 것은 아니다.

힘이 가장 약해서 누군가에게 의존해야만 생명과 건강을 겨우 유지할 수 있던 시절, 부모를 비롯한 양육자가 나의 많은 것을 결정 지어 버렸다. 어쩌면 부모도 나의 미래를 본인들이 결정하고 있다는 생각을 못 했을지도 모르겠다. 부모인 자신들에게는 비록 사랑받지 못하더라도 먼 훗날 꼭 사랑받으며 살아갈 것을 조용히 마음속으로 빌었을지도 모른다.

우리는 항상 자신의 결핍이 서럽다. 내가 누군가로부터 도망가는 건 실은 결핍으로부터 도망가는 것이다. 마음 밖의 것들을 모조리 지우고야 마는 것은 누구보다 결핍을 타인으로 채우고 싶은 욕구가 강하기에 그에 매몰될까 봐 두렵기 때문이다.

많은 심리학자가 부모와의 애착 손상을 이후에 극복할 수 있다고 주장한다. 그래서 부모에게 안정적인 지원과 사랑을 받아 본 적 없었던 나는 스스로를 위해 최대한 그러한 경험을 한 사람들 가까이에 있으려고 한다. 그들 곁에서 햇빛 한 번 더 보고 그늘 아래서 쉬어도 보면서. 진짜 애정이 무엇인지 슬쩍슬쩍 엿보면서. 사소하지만 위대한 사랑의 순간을 조용히 목격하면서 남은 계절에는 피어나는 것들의 향기를 맡아 보는 것이다. 삶을 연민하여 생긴 난치병을 '우리'에게 맡겨 보는 것이다.

# 내가 가질 수 없다면
## 차라리
## 증오해 버릴까

❧

질투

 

시기와 질투. 남을 부러워하는 감정 혹은 이러한 감정이 고양되어 증오나 적개심을 느끼는 감정의 기록은 태초로 거슬러 올라간다. 신의 사랑을 질투한 뱀이 인간을 꼬여 내고, 동생을 질투한 형 카인이 동생 아벨을 죽인다. 이후의 역사는 질긴 질투의 역사라고 해도 과언이 아닐 정도로 질투의 감정은 역사 곳곳에 배치되어 있다. 아이작 뉴턴은 고트프리트 라이프니츠를, 토마스 에디슨은 니콜라 테슬라를, 샤를 7세는 잔 다르크를, 선조는 이순신을 질투했다. 태초의 감정, 지극히 자연스러우면서도 마음 한구석을 그대로 보여 주는 질투라는 감정에 우리는 왜 이다지 몸살을 앓는 것일까.

미국 앨라배마 대학교 심리학 연구팀은 대인 관계에서 권력과 통제력을 얻고자 하는 욕구가 강하거나 자존감이 낮은 사람이 주로 질투심을 느낀다고 발표했다. 질투는 자기가 가진 것을 누군가 빼앗으려고 할 때 느끼는 감정이고, 시기는 자기가 갖지 못한 것을 가진 사람을 보며 느끼는 감정이라고 둘을 분리하여 정의한다. 하지만 사실 질투와 시기, 부러움은 혼용되어 사용되고 정확히 구분하는 것이 힘들 때도 있다.

분명한 것은 내가 절대 극복할 수 없는 것을 극복하거나 가질수 없는 것을 가진 사람을 질투한다는 점이다. 아무리 해도 나의 것이 될 수 없다고 믿었던 사랑, 아무리 해도 과거로 시간을 돌려 유년을 바꿀 수 없다는 비극적 사실, 감히 침범할 수 없는 남의 고유한 영역이라 생각하는 것들. 질투는 체념과 좌절이 전제된 심리적 상태에서 시작되어 책임 없는 사람에게 책임을 지우는 행위까지 이어진다.

심리학자 캐럴 드웩은 이를 고착 마인드 셋과 성장 마인드 셋의 개념으로 소개한다. 고착 마인드 셋의 소유자는 자신의 모든 부분이 변하지 않는다는 생각에 사로잡혀 있다. 자기보다 잘난 사람을 만나면 움츠러들면서 의기소침해지고 우울해지는 사람이다. 반면에 성장 마인드 셋의 소유자는 노력으로 자신을 얼마든지 바꿀 수 있다고 믿는다. 이들은 자기보다 잘난 사람을 만나면 자극을 받아서 더 열심히 하는 유형이다. 이는 곧 자신의 생각을 뛰어넘는 데 열등감이 어떻게 작용하는지 보여 주는 개념이라 하겠다.

### 분명히 그를 싫어하는데 누구보다 관심을 주고 있더라

고착 마인드 셋이 지나친 데다 비뚤어진 자아상을 가진 탓에 타인을 향해 비방만 일삼는 동기가 있었다. 나는 그의 마음이 부러움에서 어떻게 질투로 확장 분화되어 다시 쪼개지는지 지켜보았다. 그 동기는 다른 동기를 부러워하면서도 미워했다. 처음에 동기는 그녀의 예쁜 얼굴, 날씬한 몸매, 명석한 두뇌 등 모든 것을 예뻐했다. 부럽다고 직접적으로 이야기하기도 하며 좋은 말도 자주 했다. 그런데 어느 순간이 되자 동기는 그녀를 은근히 비방하기 시작했다.

좋은 태도로 다가가서는 어떻게 그렇게 한순간에 마음이 비뚤어질 수 있는지 의아할 정도였다. 동기는 무엇이든지 잘하고, 무엇이든지 갖춘 것 같은 그녀를 보며 자꾸만 자기 자신과 비교하고 열등감을 느꼈다. 그러다 그녀가 부러워 그녀를 미워한다고 하기에는 자존심이 상했는지 미워할 다른 이유를 찾아냈다. 때로는 아무 이유 없이, 때로는 분명한 이유를 가지고 그녀가 싫다고 하면서도 동기는 늘 그녀 주변을 맴돌았다. 그녀의 말과 태도 하나하나에 반응하고, 자기에게 하는 말이 아닌 말에 대꾸를 하며, 다른 이들에게 끊임없이 그녀에 대해 이야기했다. 싫어 죽겠다면서도 하루 종일 그녀를 생각했다. 마치 애정과 증오의 혼돈 속에서 극과 극의 반응을 일삼는 사람처럼.

놀라운 일도 아니다. 사랑의 뇌와 미움의 뇌는 같은 부위에서 활성화된다. 그래서 호오가 함께할 수 있고 애증이 동시에 일어날 수 있다. 양가감정이 생겨나는 이유이다.

## 깊이 들여다본 거기에는 내가 있었다

사람은 한 번씩 집착하게 되는 사람이 있다. 사랑이든, 미움이든 누군가에게 한번 꽂히면 그의 곁을 계속 서성인다. 실은 그 사람처럼 되고 싶어서 서성이면서도 그처럼 될 수 없어 기어코 미워하기를 선택한다. 사랑하고 좋아하기에는 상대를 보며 끊임없이 낙담해야 하는 자신이 가엾다. 미워해야 상대가 가진 것에 조금이나마 흠집을 낼 수 있는 것이다. 상대의 흠집을 내는 데 기꺼이 본인이 앞장서서 그의 매끈한 표면에 거친 상처 자국을 내는 것이다.

원래 무언가를 한참 들여다보다 보면 결국 무언가를 보는 것이 아니라 자기를 보게 된다. 마치 거울로 자기를 비추어 보듯이. 나는 상대방을 보고 있다고 생각하겠지만 실은 상대방의 모습에서 자꾸만 자기를 발견한다. 그가 가졌지만 나는 못 가진 것을 본다든지, 내가 싫어하고 미워하는 나의 모습을 그에게서 찾는 투사가 일어난다든지, 이전에 만났던 사람에 대한 인상을 지금의 사람에게 전이한다든지 하는 방식으로 말이다. 눈은 상대를 보고 있어도 과거 자체, 과거의 나, 과거의 타인들이 동시에 보인다. 결국 남의 잘난 모습을 보며 나의 못난 모습을 끊임없이 확인하다 심연의 괴물을 만나는 것이다.

잘난 사람을 보며 나도 그 사람처럼 되고 싶은 열망을 가진 사람은 굳이 남을 깎아내릴 필요가 없다. 잘난 사람을 보며 힘을 얻어 노력의 동력으로 삼기 때문에 오히려 잘난 사람을 뛰어넘을 확률이 높다. 그런데 자기 확신과 믿음이 없는 사람은 자기가 그 자리로 가는 대신, 상대를 내가 있는 자리로 끌어내린다. 둘 중 누가 자신을 더 사랑하는 사람인지는 우리 모두 답을 이미 알고 있다.

비뚤어진 자기애와 열등감이 만나면 모든 걸 뒤집어 보게 된다. 자신이 거꾸로 매달려 있으면서 오히려 남들이 다 잘못되었다고 생각한다. 상대가 나에게 미움을 받는 것도 당연히 상대의 탓이다. 질투심의 그늘 아래에 있는 열등감과 싸워서 어떻게 이길 수 있는지 알지 못하니 애꿎은 사람과 싸우면서 이기려 드는 것이다.

거울을 보며 백설 공주가 세상에서 가장 예쁘다는 사실을 매일 확인하고 좌절하고, 또 확인하고 좌절하던 왕비에게 어느 날 거울이 말한다.

"백설 공주를 아름답게 만드는 것은 바로 왕비님의 질투심입니다."

# 다른 사람에게는
# 절대 들키고 싶지
# 않은 마음

**열등감**

책의 제목을 유심히 관찰해 보는 것이 취미이다. 요즘 사람들에게는 어떤 책이 인기가 있는지, 어떤 책에 대한 소비가 많은지 보기 위해서이다. 그러다가 '나는 왜', '왜 나는'으로 시작하는 책이 많다는 걸 알게 되었다. 지금의 내가 싫은 사람들에게 지금의 너로부터 벗어나게 해 주겠다고 유혹하는 책들이다. 나의 책꽂이에도 그런 제목의 책이 하나 꽂혀 있다. 어지간히 상처를 많이 받았을 때 샀던 책이다.

나는 왜로 시작하는 문장은 그나마 희망이 있다. 원인을 분석해서 문제를 해결하겠다든지, 현재 자신의 모습에 변화를 주고 싶다든지 하는 최소한의 의지가 들어 있으니까. '왜'에 대한 의문까지 포기한 사람은 문제에 둔감해지거나 무기력해진다. 더 심할 때는 상황에 대한 원인을 알아보는 것이 아니라 자기 비난을 일삼으면서 자포자기하고야 만다. 현실의 불가능과 이상의 가능 사이의 방황도 아닌, 현실의 불가능과 도피 사이에서 방황하는 것이다.

최근 만난 딸기도 이러한 시기를 지나고 있다. 완벽한 패배주의에 빠져 있고 '내 주제에'라는 말과 생각을 달고 산다. 무엇을 해도 재미가 없고 미래가 그려지지 않는다. 그러다가 한번은 엠티를 갔을 때 '주제 파악 좀 해'라는 롤링 페이퍼 속 문장에 무너지고 말았다. 누가 쓴 건지 알 수 없었으므로 더 절망했다. 친한 친구가 썼으면 어떡하지, 누가 내 주제에 대해 이렇게 모멸적인 발언을 이름도 얼굴도 보이지 않는 곳에다 싸질러 놓은 것일까 하며 힘들어했다.

화가 나기보다 우울하고 슬펐다. 원래 '내 주제에'라는 생각을 하는 사람은 화를 내야 할 상황에서도 우울하고 슬픈 감정을 선택하곤 한다. 화라도 내면 나를 지킬 수 있다. 그런데 우울하고 슬퍼해 버리고 마니까 상처받는 순간이 더 잦아진다. 상처를 주는 사람들의 무례한 언행을 강화하고야 마는 것이다. 어느 순간에는 자신의 어떠한 점이 그렇게 주제 파악을 못 하는 것처럼 보였던 걸까 하고 해답을 찾고 있기도 했다. 무례한 것을 무례하다고 느끼는 것이 너무 고통스러운 탓에 상대가 그렇게 느꼈다면 혹시 나의 행동에 문제가 있었던 것은 아니었을까를 곰곰이 고민했던 것이다.

고통을 피해 자기 비난으로 도피하고야 말았다. "내가 그 모양 그 꼴이니까 그런 말이나 듣고 있지"에서 시작된 비난은 "나는 그런 말을 들어도 싸다"로 끝났다. 그렇게까지 자기 자신에게 폭력적일 수 있었던 것은 정착하지 못한 자기애 탓에 생긴 열등감 때문이었다. 딸기는 주로 세 보이는 사람 앞에서 주눅들곤 했다. 목소리가 크고 말이 빠른 사람 앞에서 어버버 하는 건 일상다반사였다. 어렸을 때부터 가져 왔던 열등감이 대학에 와서 드디어 활짝 꽃을 피우고 열매까지 맺은 것이다.

### 모든 문제가 나 때문이라는 생각이 들 때

열등감에는 1차적 열등감과 2차적 열등감이 있다. 1차적 열등감은 주로 생애 주기 가운데 우리가 처음 겪게 되는 가정에서부터 비롯된다. 부족한 형편, 부적절한 가정 교육, 부모의 불안정한 양육 태도 등이 영향을 미친다. 이 밖에도 자신의 신체적 조건 등도 중요한 요소가 된다. 이 모든 요소를 다 갖춘 나는 그야말로 어린 시절부터 열등감을 온몸으로 장착하고 있었다.

2차적 열등감은 성인이 된 후 시험에 떨어지거나 구직에 실패하는 등 자신의 능력의 한계를 느꼈을 때 생긴다. 문제는 2차적 열등감이 1차적 열등감을 떠올리게 한다는 것이다. 딸기는 대학에 제대로 적응하지도 못했을 뿐만 아니라 취업을 할 엄두조차 내지 못했다. 그는 어렸을 때부터 느껴 왔던 열등감에서 도저히 벗어날 수 없을 것 같았다. 이러한 열등감이 연쇄적으로 발생하면 자기 자신을 탓하고 모든 문제의 원인을 자기 자신에게로 돌린다.

나도 내가 선택할 수 없었던 부모에 대한 열등감을 몹시 심하게 가졌던 적이 있다. 내가 바꿀 수 없는 것이기에 더 절망적이기도 했다. 하지만 나는 이제 아버지도 돌아가시고, 열등감의 근원이었던 대상이 더 이상 어떠한 영향력도 행사할 수 없을 정도로 멀어진 어른이 되었다.

참고로 흔히 콤플렉스라고 알려진 단어와 열등감을 같은 의미로 쓰곤 하는데 둘은 엄밀한 의미에서 서로 다르다. 열등감은 말 그대로 자신이 남들보다 뒤떨어져 무가치하게 느껴지거나 스스로를 낮추어 보는 감정이다. 반면 콤플렉스는 인간의 내면에 영향을 미치는 복잡한 구조 혹은 감정과 생각의 덩어리를 말한다.

콤플렉스는 나폴레옹 콤플렉스, 롤리타 콤플렉스, 슈퍼맨 콤플렉스, 신데렐라 콤플렉스, 피터팬 콤플렉스 등등 종류가 다양하다. 이 중 나폴레옹 콤플렉스가 열등감 콤플렉스라고 알려져 있는데, 여기에서 열등감과 콤플렉스에 대한 오해가 비롯된 듯하다. 즉 열등감 콤플렉스는 다양한 콤플렉스 중 하나이지 그 자체가 콤플렉스와 동일한 것이 아니다.

콤플렉스라는 단어는 독일의 정신과 의사인 테오도어 치엔이 처음 마음에 적용했고, 융이 이 개념을 받아들여 콤플렉스 이론으로 발전시켰다. 이에 영향을 받아 열등감 콤플렉스를 이론으로 정립한 사람이 아들러이다.

### 나의 쓸모를 증명하려고 애쓰지 말 것

때때로 우리의 열등감은 아직 그 자리에 그대로 있을 것이다. 거세게 펄럭이기도 하면서 나를 몰아세울 수도 있다. 여기에서 중요한 점은 열등감을 감추려 노력은 할지언정 부정하지는 말아야 한다는 것이다. 대체로 그 열등감은 처음부터 나의 눈에만 보이지, 남의 눈에는 안 보일지도 모른다. 나의 열등감 또한 아무도 짐작하지 못했다. 그럼에도 불구하고 열등감을 들추어 보고 그 자리에 있는지 자꾸만 확인하고 싶다면 그를 안 보이게 만들 어떠한 성과나 노력에 집중하는 수밖에 없다.

의외로 우리가 할 수 있는 일이 많다. 그리고 그동안 누구도 탓하지 못하고 스스로를 탓하기만 했던 나를 위로하기 위하여 나에게 침범하는 모든 것에 항변하려고 애써야 한다. 때로는 패악질도 부리면서. 물론 실패할 때도 있겠지만 말이다.

열등감이 완벽히 사라지는 방법은 세상 어디에도 존재하지 않는다. 다만, 많은 심리학자가 우월해지기 위해 노력하는 것은 열등감에 대한 올바른 해결책이 아니라고 조언한다. 능력이라는 것을 가치화하거나 우상화하지 말 것을 당부한다. 인생을 달리는 동안 견딜 수 없이 너무 숨차고 목이 마른 이유는 다른 모습의 내 결말을 보여 주기 위해 애썼기 때문일지도 모르겠다. 누군가에게 자꾸만 나를 증명하고 싶어서.

증명하려 애쓰고, 그러다 그것이 실패하여 내가 무용하고 무가치하다고 느껴질 때 열등감이 고개를 내민다. 그저 우리 존재 자체만으로는 인정받을 수 없을까. 존재 자체가 이미 이 세상에 유용한 것은 아닐까. 무용함은 무생물과 완벽히 짝을 이루는 말일 테니.

어느 드라마 속 인물이 "무용하면서도 아름다운 것들을 좋아한다"는 대사를 자주 읊었다. 그 대사가 마치 무용한 것만이 진정으로 아름다울 수 있다는 위로의 말처럼 들렸던 것은 왜일까.

# 불안은
# 이상한 감정이 아니라
# 당연한 감정이다

**불안의 작동 방식**

"엄마, 내가 엄마를 만나러 올 때 그 길이 정말 어둡고 무서웠어."

어떤 아이들은 자신이 태어나기 전을 기억한다는 이야기를 들은 적이 있다. 아이가 세 살 때 태어나던 당시의 기분을 말하는 것을 들으며 깜짝 놀랐다. 그것이 진짜 자신의 기억이든, 아니든 그게 중요하지 않았다.

누구나 그렇듯 출산을 할 때 몹시 긴장되고 걱정된다. 몸이 아픈 것도 아픈 것이지만 그 통증이 어느 정도 될지 가늠할 수 없어 더 두렵다. 아기가 건강하게 태어날 수 있을지, 죽지 않고 살 수는 있을지…. 그 상황 자체가 태어나 처음 겪는 두려움이다. 긴장하고 있던 나에게 어느 간호사가 한 말이 내내 잊히질 않는다.

"엄마가 무서운 것처럼 아기도 똑같아요. 그러니 아기를 생각해서라도 엄마가 더 용기를 가져요."

엄마에게 철저히 보호받는 아기들은 불안을 모르는 존재라고 생각했다. 하지만 간호사와 아이의 이야기를 들으며 인간에게 미지에 대한 불안은 태생적으로 당연하다는 것을 알게 되었다. 본원적이고 고유한 감정이 안정된 환경을 만나 잘 조율된 사람이 있을 테고, 반대로 불안 요소를 더 많이 떠안게 되는 사람이 있을 것이다.

나는 사람이 많은 곳을 무척이나 좋아했다. 일부러 사람이 많은 곳을 골라 다니곤 했다. 그런데 '메르스 사태'가 터진 후부터는 붐비는 곳을 가면 불안이 엄습한다. 누가 나를 만지거나 내 몸에 닿을까 봐 늘 안절부절못한다. 가끔은 누가 나를 쓰다듬거나 만지면 식은땀이 나면서 기절할 것 같은 느낌에 사로잡히기도 한다. 이러한 상황을 방지하기 위해 가급적 처음 만나는 사람에게 이러한 사실을 알리는 편이고, 누가 악수를 청하면 악수는 하지 않는다고 말한다. 그러면 어떤 이들은 이해하고 넘어가지만, 어떤 이들은 근질거리는 입을 주체하지 못하고 내가 이상한 사람이라는 것을 어떻게든 말하려고 한다.

## 누구나 나약한 존재가 될 수 있다

해마다 강박 장애 발병률이 늘어나고 있다. 예전에 비해 현대에는 불안의 요소가 곳곳에 더 포진되어 있기 때문일 것이다. 강박 장애는 흔히 '선진국병'이라 불린다. 강박 장애의 기저에는 불안감, 죄책감, 화 등의 감정이 복합적으로 얽혀 있다. 그중 가장 큰 영향을 미치는 것이 불안이다.

불안의 감정이 들면 손을 씻는다든지, 물건을 정리한다든지, 계속해서 숫자를 센다든지 하는 자신만의 방법으로 불안감을 해소해야 조금씩 불안이 누그러진다. '연예인병'이라 불리는 공황 장애도 마찬가지이다. 언제 무슨 일이 생길지 모른다는 불안이 도처에 있고, 뜻하지 않은 순간에 아무런 경고 없이 기습할지도 모르는 공황 발작 때문에 더 긴장 상태가 된다.

우리는 몸의 장애를 가진 사람에게 의지로 그것을 이겨 내라고 하지 않는다. 그가 이상한 사람이어서 장애를 가졌다고 생각하지도 않는다. 마음에 장애를 가진 사람에게도 그러한 시선이 필요하다. 걸음을 걸을 수 없는 사람에게 왜 걷지 못하느냐고 묻지 않는 것처럼 웅성거리는 불안으로 인해 장애를 겪는 사람에게도 왜 불안을 잠재우지 못하느냐고 묻지 않아야 한다.

불안은 사람이 마음대로 켰다 껐다 조절할 수 있는 것이 아니다. 불안의 뇌는 우리가 생각하는 것 이상으로 훨씬 더 복잡 미묘한 메커니즘으로 작동한다. 불안한 사람에게 진정하라고 말하고, 더 나아가 충고를 하거나 비난하는 것은 불안의 메커니즘을 더욱 교란시키는 일이다. 불안의 당사자를 압박하고 불편하게 만들어 불안을 가중한다.

### 물에 빠진 사람을 당연히 구해 주듯이

심리학자 앨버트 엘리스는 불안이 "정서적 고뇌의 한 형태"라고 말했다. 불안을 잘 관리하기 위한 첫 번째 방법은 회피하거나 막는 것이 아니라 그 존재를 받아들이는 것이라고 한다. 슬픔과 상실로 발생한 고통을 어찌할 수 없는 것처럼 불안에 대한 고통도 마찬가지이며 어느 누구도 그로부터 자유로울 수 없다. 그렇기에 우리는 불안에 좀 더 관대해질 필요가 있다.

수영 강사를 하는 친구는 강습 중 누가 물에 빠지면 구해 주기보다 "나오세요!"라고 말한다고 했다. 나오기 싫어서 물에 빠지는 사람도 다 있담. 친구는 자기가 수영장 안으로 들어가는 순간 두 사람 모두 위험해지기 때문에 그렇게 한다는 것이다. 물론 무언가를 던져 주고 나오라고 할 것이라 생각한다. 그런데 물에 빠진 사람 입장에서는 나오라는 말이 얼마나 자신을 놀리는 말처럼 들릴까. 가까스로 나온 이후에 따귀나 때리지 않으면 다행이지.

불안의 한가운데에 있는 사람에게 진정하라거나 불안을 이겨 내라는 등의 말을 하는 것은 수영을 못 해서 물에 빠진 사람에게 물에서 나오라고 말하는 것과 같다. 그만큼 무용하고도 비인간적이라는 말이다.

뇌가 불안 모드로 작동하고 있을 때는 가장 깊은 물 한가운데에서 허우적거리고 있는 상태이다. 심리학의 여러 연구들에 따르면, 불안의 뇌는 코르티솔, 아드레날린, 노르에피네프린 등의 신경 전달 물질에 의해 통제되고 있다고 한다. 이처럼 통제당하고 있는 뇌는 충고, 명령, 제안 등의 외부 자극을 적절하게 처리할 수 없다. 불안의 뇌에는 공감밖에 약이 없다는 뜻이다. 상대가 나에게 공감하지 않고 나를 비난하고 있다는 생각이 들면 불안한 사람은 더 깊은 불안의 늪으로 빠져든다.

우리는 살아 있기에, 삶을 사랑하기에 불안하다. 소중한 것을 잃을까 봐 불안하고 불안 때문에 소중한 것을 더 사랑하기도 한다. 두 번 오지 않을 삶을 소중히 여기는 심정으로 살기에 어떤 상황에서라도, 어떤 것에라도 불안할 수 있는 것이다.

이러한 사정으로 불안이 작동한다는 것을 이제 알았으니 나 자신에게 친절한 마음으로 불안이나 불안을 쉽게 느끼는 사람

에게 친절하기를 바라 본다. 친절한 마음과 나를 안심시키려는
마음이 불안의 수렁에서 나를 건져 내는 것임을 잊지 않기를.
그렇게 서로의 안전망이 되어 주기를.

# 내게
# 무던해져야
# 한다는
# 세상에게

· 관점에 대하여 ·

# 다수의 선택이
# 항상 옳은 것은
# 아니다

�

**동조 현상**

심리학 수업 시간에 교수님이 영상 하나를 보여 준 적이 있다. 사람이 남을 얼마나 쉽게 따라 하는지 실험한 영상이었다. 실험 대상 한 사람을 뺀 나머지는 모두 실험 동조자들이다. 병원에서 진료를 기다리는 사람들이 자기 차례를 기다리며 앉아 있었다. 그런데 누군가 이름이 불릴 때마다 남은 사람들은 특정 행동을 하기 시작했다. 누가 보아도 어처구니없는 행동이었다. 처음에 병원에 들어온 사람은 그들의 행동을 보며 의아해했지만, 점점 눈치를 보기 시작하더니 나중에는 본인도 어처구니없는 행동에 동참하기 시작했다. 실험이 끝난 후 왜 남들의 행동을 따라 했느냐고 물으니, 왜 그런 행동을 하는지 이유를 알 수 없는 데다 모두가 하고 있으니 자기도 해야 할 것 같았다는 공통된 답변을 했다. 영상을 보던 모두가 웃었지만, 정작 우리도 실험 당사자가 된다면 어떨지 보장할 수 없다.

인간은 이처럼 불확실하고 애매한 상황에서 쉽게 타인에게 동조하는 경향이 있다. 특히 나와 다른 판단을 하는 집단이 형성되어 자신의 판단에 확신이 서지 않으면 처음의 판단까지 쉽게 수정하고야 만다. 친한 친구가 다른 친구를 욕할 때 고개를 끄덕인다거나 맞장구를 치는 일, 왕따에 동조하는 일도 마찬가지이다. 개인이 집단이 되는 순간 비합리적인 의사 결정을 할 확률이 높아진다.

### 애매할 때 동조하는 인간의 심리를 증명한 실험들

'동조 현상'에 대한 최초의 심리학적 연구는 무자퍼 셰리프의 자동운동 현상을 이용한 실험이다. 자동운동 현상이란 아주 어두운 상황에서 고정되어 있는 불빛이 마치 움직이는 것처럼 보이는 착시 현상이다. 안구가 움직일 때마다 망막에서 불빛 위치가 변하기 때문에 발생한다. 셰리프는 어두운 실험실에서 참가자 세 명에게 작은 불빛을 보여 주었다. 그리고는 불빛이 움직이는지, 움직인다면 얼마나 움직이는지를 판단하게 했다. 처음에는 한 명씩 실험에 참가했는데 이때의 답변은 각각 1인치에서 8인치까지 차이가 났다.

셰리프는 며칠 후 세 사람에게 동일한 실험을 진행했다. 이번에는 동시에 실험에 참가하게 했다. 이전의 실험에서 답변이 달랐던 사람들이 이번 실험에서는 다른 사람의 말을 듣고 자신의 판단을 수정하려는 경향성을 보였다. 결국 실험이 몇 번 진행되는 동안 참가자들의 의견이 한 가지 의견으로 수렴되었다.

솔로몬 아시라는 심리학자가 이 실험에서 망막 불빛 위치라는 모호한 상황을 잘못 판단할 수도 있을 거라며 좀 더 판단하기 쉬운 선분 실험을 실시했다. 하나의 선이 그려져 있는 카드를 보여 주고 보기의 선과 길이가 같은 것을 고르라는 실험이었다. 세 개의 답지가 주어졌는데, 보기와 같은 선은 누가 보아도 분명히 골라낼 수 있을 정도로 답이 분명한 문제였다. 실험에는 한 명을 제외한 나머지는 모두 동조자들이었다. 가짜 참가자들은 일부러 틀린 답을 말했다.

이 실험에서 한 번이라도 오답에 동참한 사람은 75퍼센트 정도였고, 전체 응답의 37퍼센트가 계속 틀린 답에 동조했다. 혼자서 실험에 참가하여 답을 골라야 했을 때는 720회 중 오답이 3회, 즉 0.004퍼센트에 불과했다. 타인이 있다는 사실 자체가 오답의 확률을 9,250배나 증가시킨 것이다. 결국 셰리프의 실험이 틀렸음을 입증하려던 아시는 무엇이 옳고 그른지 명확한 상태에서도 사람들이 쉽게 타인의 의견에 동조한다는 것을 확인하고야 말았다.

또한 아시의 조교로 그의 실험을 돕던 밀그램은 예일 대학교의 심리학과 조교수가 된 이후 하나의 실험을 진행한다. 이 실험이 악명 높은 '복종 실험'이다.

그는 나치 시대에 독일인들이 나치에 보여 준 복종에 관심을 가졌다. 그리고 이를 증명하기 위해 실험 참가자들에게 교사의 역할을 주면서 다른 사람에게 전기 충격을 가할 것을 지시했다. 학생 역할을 맡은 다른 참가자가 암기할 수 있도록 단어를 불러 주고, 만약 학생이 틀리면 15볼트에서 450볼트까지 순차적으로 전기 충격을 가하라고 했다. 학생 역할을 맡은 참가자들은 120볼트에서 고통스러운 소리를 질렀고, 150볼트에서는 실험을 멈추어 달라고 했으며, 180볼트에서는 울부짖었다.

실험에 참가한 40명 중 아무도 300볼트의 충격이 가해지기 이전까지는 실험을 멈추지 않았다. 300볼트 이후에야 비로소 연구자의 명령을 거부하는 사람이 나타나기 시작했고, 26명은 가장 높은 450볼트까지 전기 충격을 가했다.

다행히 학생 역할을 맡은 사람들은 실험을 돕는 사람들이었고 실제로 전기 충격이 가해지지 않았다. 하지만 교사 역할을 맡은 사람들은 분명 이것을 실제 상황으로 알고 실험에 참가했다. 이후 미국을 비롯한 여러 나라에서 이와 유사한 실험이 진행되었지만 결과는 크게 다르지 않았다.

그저 인간이 사악해서는 아닐 것이다. 누구든 잘못된 일에 동조자가 될 수 있다. 하지만 그중에서 과감하게 'NO'를 외친 사람이 있기에 인류가 평화를 누릴 수 있는 것이다. 과거의 독립투사와 민주 열사 덕분에 지금 우리가 평화롭게 사는 것처럼.

## 어느 집단에서든 반대자가 있어야 하는 이유

얼마 전 사이비 종교 집단에서 사람들에게 인분을 먹인 사건이 기사화되었다. 얼마나 어리석으면 사이비에 빠지는 것도 모자라 남이 먹으란다고 인분을 먹고 있느냐며 많은 사람이 혀를 끌끌 찼다. 하지만 생각해 보자. 나의 신앙심을 어떻게든 증명해야 하는 상황이다. 옆에서 사람들이 하나둘 상황에 동참하기 시작한다. 절대로 흔들리지 않을 거라 장담할 수 없지 않을까. 나치와 일본 제국주의처럼 온 국민이 동조한 역사의 비극만 보아도 인간이 뭉치면 이해하지 못할 죽음도 일어난다.

지성과 이성은 집단에 속하는 순간 언제든지 마비될 수 있다. 그러므로 우리는 집단의 지성이 제대로 된 길을 가고 있는지 항상 경계해야 한다. 내가 속한 집단이 건강한지 되돌아보아야 하며 용기 있는 사람이 나설 수 있는 기회를 허락해야 한다. 조직 내의 비리에 조직원들이 동조하고 침묵할 때 이를 세상에 알리는 사람은 그만큼 용기 있는 사람으로 박수 받아 마땅하다.

얼마 전에 함께 교회를 다니던 지인이 사이비 종교 집단에 들어갔다는 소식을 들었다. 소식을 들은 다른 지인이 그 지인을 꺼내 오기 위해 애를 쓰고 있다. 사이비에 빠지는 이유는 신앙심이 투철하지 않아서도, 무언가 모자라서도 아니다. 인간에게는 어딘가에 틈이 있고, 들어오지 말아야 할 것은 그 틈을 누구보다 잘 찾아내어 헤집어 놓기 일쑤이다. 틈만을 노리는 사람에게는 그 틈이 너무나 잘 보이기에.

인간이 함께 모여 사는 이유는 서로가 서로의 감시자이자 경계선이며 보호막이 되어 주기 위함이다. 누가 귀를 팔랑거리며 대박 난다는 땅에 투자하려고 하거나, 다단계에 들어가려고 할 때 그를 적극적으로 말리는 한 사람만 있으면 된다. 구제의 역사는 한 개인에게서 그렇게 시작되는 것이다. 한 사람의 힘은 꽤나 크다.

# 하나를 보면
# 열을 안다는
# 착각

✿

**후광 효과**

　나무가 피우는 꽃, 열매, 가지, 잎사귀, 몸통을 통틀어 나무라
고 한다. 꽃이나 열매 하나만을 두고 나무라고 하지 않듯 사람
도 그가 이룬 업적이나 가진 무엇 하나를 두고 그 자체라고 칭
할 수 없다.

　그런데 흔히 사람들은 누군가의 부분과 개개의 결과물만을
가지고 전체의 인격을 판단하는 오류를 저지르곤 한다. 예를 들
면 그럴듯한 직업을 가진 사람이 어떤 잘못을 저지르면 절대 그
럴 사람이 아니라고 하거나, 아예 그런 잘못을 할 거라고 생각
조차 못하는 것이다. 열매 자체를 나무라고 하는 것, 이것이 우

리가 주로 사람을 보고 대하는 방식이다.

심리학자 에드워드 손다이크는 제1차 세계 대전 때 군대에서 상관이 부하를 평가하는 태도에 관해 실증적으로 연구했다.

지휘관들에게 부하 개개인의 역량을 성격, 지능, 체력, 리더십 등 다양한 항목별로 평가해 보라고 했다. 그런데 지휘관들은 품행이 단정하고 인상이 좋은 일명 '모범 병사'로 꼽히는 일부 병사들에 대해서는 거의 모든 항목에서 높이 평가했다. 반면 다른 병사들에 대해서는 모든 항목에서 평균 이하로 평가했다. 지휘관들은 체격이 좋고 단정한 병사가 사격 실력도 좋고, 군화도 잘 닦고, 하모니카도 잘 분다고 여겼다. 또한 지성이나 리더십도 뛰어날 거라고 예상했다. 반면 못생긴 병사들은 매사에 실수가 잦고 일을 그르친다고 평가했다.

이처럼 그가 가진 하나의 속성이 전체를 덮는 현상을 '후광 효과'라고 한다. 후광은 말 그대로 뒤에서 후광이 비치는 것처럼 사람을 빛나게 해 주는 배경이란 뜻이다. 즉 후광 효과란 상대가 특출한 하나의 좋은 특성을 갖고 있으면 다른 것도 다 좋게 보는 현상이다. 예쁘면 다 용서가 되고 천사처럼 생긴 사람이 성격도 천사 같을 거라고 예측한다. 그 결과 생고생과 아픈 뒤통수 등등의 후회가 남았겠지만. 기업에서 이미지가 좋은 연예인을 모델로 기용하는 것과 후원이나 기부를 많이 하는 기업이 물건도 잘 만들 거라고 예상하는 것도 이러한 후광 효과가 작용하기 때문이다.

어느 대학생이 교수가 호텔로 부르자 냉큼 달려갔다. 부를 만한 무슨 일이 있겠지 하고서. 남자 교수가 여자 대학생을 호텔로 부를 만한 일이라는 게 도대체 무엇이 있단 말인가. 친구들이 그 학생에게 무슨 생각으로 호텔로 갔느냐고 물었더니, 교수가 부르는 것이 우선이었지 호텔이 우선이 아니었다고 한다. 한마디로 교수라면 인격이 훌륭할 것이라 생각했고, 그러한 교수가 아무리 호텔에서 자신을 부르더라도 딴생각을 가질 거라고는 생각조차 못 했다는 것이다. 교수라는 직위를 가졌으니 그는 전반적으로 성숙할 것이며, 아무리 호텔에 있다고 하더라도 있을 만한 다른 이유가 있는 것이지 그곳이 나를 유린하기 위한 장소는 아닐 거라고 생각했다고.

이런 생각으로 많은 여성이나 약자가 무장 해제되어 있다. 그리고 그 틈을 노린 사건이 비일비재하게 일어났다. 성공한 엘리트들의 범죄나 믿었던 사람에 대한 배신 등은 특정한 부분이 그의 전체를 대변하지 않는다는 것을 보여 준다.

도로에서 한 실험을 했다. 양복을 매끈하게 차려입고 준수해 보이는 사람이 횡단보도 앞에 섰다. 그런데 이 남성이 갑자기 빨간 불에 도로를 건넜다. 그랬더니 옆에 있던 사람들이 남성을 따라 같이 횡단보도를 건너는 기이한 현상이 발생했다. 사람들은 신호 자체를 본 것이 아니라 멀끔한 사람을 보았고, 건널 때가 되었으니 건너겠지 하고 따라 건넜던 것이다. 반대로 허름하고 남루하게 옷을 입은 사람이 똑같은 행동을 하자 아무도 그를 따라 무단 횡단을 하지 않았다.

## 한 부분만 보고 전체를 안다고 하지 마라

후광 효과를 처음 연구한 손다이크는 후광 효과를 '어떤 대상에 대해 일반적으로 좋거나 나쁘다고 생각하고, 그 대상의 구체적인 행위를 일반적인 생각에 근거하여 평가하는 경향'이라고 설명했다.

이는 고정 관념과 편견을 양산해 내기도 한다. 고정 관념과 편견은 약간 다른 뜻이다. 고정 관념은 누군가를 좋게만 보는 경향 혹은 나쁘게만 보는 경향이라면, 편견은 대상을 항상 부정적으로 보는 것을 뜻한다.

'하나를 보면 열을 안다'라는 속담이 어린 우리를 괴롭혔을 것이다. 그 하나를 증명하기 위해 혹은 그 하나 때문에 그토록 힘들지 않았나. 나를 돋보이게 하는 배경 하나를 가지기 위해, 나를 못나 보이게 하는 배경 하나 때문에. 아마도 속담 중에 가장 폭력적인 속담이 아닐까. 하나를 보면 열을 아는 법이니까 잘하라는 위협과 강압이 들어 있는.

　고정 관념은 때로는 그럴듯해 보이는 하나 덕분에 모든 게 좋아 보이는 사람의 폭력을 참아야 하는 피해자를 양산했다. 그리고 그 피해자들을 침묵하게 만들었다. '그 사람은 절대 그런 사람이 아니야! 네가 먼저 꼬리 친 거 아니야? 네가 예민한 거 아니야?' 등등의 말로 위협하면서 말이다. 나의 한 부분으로 판단되는 것도, 누구를 한 부분으로 판단하는 것도 결국 우리 모두에게 부메랑이 되어 돌아온다. 비논리적 귀결로 인해 내가 가해자가 될 수도, 피해자가 될 수도 있는 당위적 폭력인 셈이다.

　한 사람이 성취한 부분은 성취한 대로 그저 훌륭한 일이다. 하지만 그 사람 자체도 훌륭한지는 나중이 되어 보아야 알 수 있다. 후광 효과를 벗겨 낸 후, 무엇이 남는지 본 후에야 진짜 그가 보일 것이다. 우리는 하나를 이룬 것이지 인생을 이룬 게 아니므로. 하나를 가진 것이지 전부를 가진 게 아니므로. 실패도 역시 그러할 것이다. 하나를 못 가진 것이지, 열을 모두 잃은 게 아니다.

# 우스운
# 원숭이가 되느니
# 가만히 있는 게 낫다

**틀 효과**

"카드 할부로 물건을 사는 사람은 애초에 그걸 살 능력이 안 되는 사람인 거야. 부자가 할부로 물건 사는 거 봤어?"

그래, 그의 말이 맞았다. 예전 남자 친구는 신용 카드를 혐오했다. 덩달아 나도 카드는 사회의 악이라는 신념을 가지고 살았다. 신용 카드가 본격적으로 사회에 통용되기 시작했을 때 텔레비전에서는 신용 카드 광고가 넘쳐 났다. 대학 캠퍼스에서는 학생들에게 묻지도 따지지도 않고 신용 카드 발급을 남발해 소비를 부추겼다. 내 돈이 아니라도 내 돈처럼 쓰게 해 준다는 카드 회사의 말만 믿은 결과, 많은 대학생이 신용 불량자가 되었다.

부자가 되는 법을 알려 주는 유튜버들도 신용 카드를 없애라고 말한다. 대신 체크 카드를 쓰라는 등 이런저런 자신만의 노하우를 알려 준다. 신기한 건 그들이 알려 주는 대로 해도 나는 부자가 되지 못했다는 것이다. 기본 소득 자체가 다른데 체크 카드를 쓰고 무슨 무슨 상품권으로 물건을 사는 게 다 무슨 소용이란 말인가. 다른 수입의 크기에 같은 소비 방식이라는 아이러니를 어떻게 합리적으로 이해해야 할지. 부자가 되게 해 주겠다면서 돈을 버는 법이 아니라 돈을 쓰는 법에 대해 알려 주는 게 진짜 부자가 되는 법이 맞는지 의문만 가득하다.

결론은 어떻게든 돈을 아껴 써야 한다는 말인데, 아껴 쓸 돈도 없는 사람은 '부자 되는 법' 같은 영상 자체를 보아서는 안 된다. 만약 월 1,000만 원을 버는 사람이 한 달에 60만 원을 쓴다면 월 100만 원을 버는 사람은 한 달에 6만 원을 써야 논리에 맞다. 그런데 기본 소비라는 데는 말 그대로 기본적인 돈이 필요하다. 부자와 가난한 사람이 다른 돈을 내고 밥을 먹는 것이 아니다. 물론 자신의 가치에 따라 한 끼에 10만 원, 100만 원의 돈을 들여 밥을 먹는 부자들도 있을 것이다. 그러한 예외적인 상황이 아닌 보통의 일상에서는 부자가 사 먹는 콜라나 라면의 값과 가난한 사람이 사 먹는 콜라나 라면의 값이 다르지 않다. 그러므로 허리띠를 졸라매서 돈을 모으라는 말에 솔깃할 것이 아니라 진짜 그들이 버는 월 1,000만 원 수입이 일반화될 수 있는지부터 따져 보아야 한다.

### 손해를 떠올리지 말고 이익을 계산하라

가끔 포인트가 소멸할 예정이니 그런 불상사가 생기기 전에 어서 빨리 쓰라는 문자가 날아든다. 소멸할 포인트가 몇백 원, 몇천 원이라 그냥 무시하고 만다. 세상에 몇백 원과 몇천 원을 소비하려면 나는 그의 10배나 20배는 돈을 더 써야 한다는 소린데, 그 정도로 계산을 못 하면서 살지는 않으니.

카드 회사가 처음부터 내 돈이 아닌 것을 내 돈이라며 신용카드를 이용한 소비를 부추기는 것과, 처음부터 내 돈이 아닌 포인트가 내 돈이라며 소비를 부추기는 것은 사실 같은 원리이다. 인간의 내실과 욕망 사이를 관통하는 바람과도 같다. 외로움과 허기에 내려진 잘못된 처방 같은 것.

포인트가 사라진다고 하니 마치 나에게 주어진 보상이 사라지기라도 하는 것처럼 조급증이 인다. 100원, 1,000원 단위의 포인트가 아니라 그 이상의 단위라면 쉽게 포기하기 힘들 것이다. 이처럼 이익이 아니라 손실에 초점을 두어 소비자의 마음을 자극하는 것은 '틀 효과' 개념으로 설명할 수 있다. 틀 효과는 동일한 내용을 다르게 표현해서 상대방의 의사 결정에 영향을 미치는 것을 말한다.

심리학자 다니엘 카너먼은 손해에 대한 심리적 고통이 이익을 통해 얻는 즐거움보다 2.5배나 더 높다고 말한다. 이를 '손실 혐오'라고 한다. 사람은 이익이 되는 상황보다 손실이 되는 상황을 더 못 견디고, 판매자는 이러한 인간의 심리를 이용해서 사람들의 지갑을 열게 하는 것이다. 심지어 당장의 포인트를 위해서라면 더 큰 지출을 감내하기까지 한다.

원래 1,000달러가 없던 사람과 1,000달러를 받았다가 잃은 사람. 겉으로 보이는 상황은 둘 다 같지만 심리적 상태는 다르다. 카너먼은 "인간은 비합리적이고 감정적인 존재이기 때문"이라고 이 상황을 설명했다. 카너먼이 진행한 다음 심리 실험을 살펴 보자.

**첫 번째 상황**

- A라는 방법으로 3,000만 원을 벌 확률 100퍼센트
- B라는 방법으로 4,000만 원을 벌 확률 80퍼센트
- 아무것도 벌지 못할 확률 20퍼센트

**두 번째 상황**

- C라는 방법으로 3,000만 원을 잃을 확률 100퍼센트

- D라는 방법으로 4,000만 원을 잃을 확률 80퍼센트
- 아무것도 잃지 않을 확률 20퍼센트

실험 결과, 첫 번째 상황에서는 80퍼센트의 사람들이 A를 골랐고, 두 번째 상황에서는 92퍼센트의 사람들이 D를 골랐다. 이 두 상황의 차이는 보상이 이익과 손실이라는 사실밖에 없다. 사람들은 이익과 관련된 상황에서는 적지만 확실한 돈을 선택했고, 손실과 관련된 상황에서는 불확실한 많은 돈을 선택했다. 이는 어떻게 해서든 손해를 보지 않으려고 하는 '손실 혐오'가 작용했기 때문이다. 손해라는 생각이 드는 순간 인간은 비합리적인 선택을 한다는 것이 카너먼의 설명이다. 결국 기업은 이러한 심리를 이용해 당장 필요하지도 않은 물건을 구입하게 만드는 포인트 제도 등을 만들어 낸 것이다. 많은 금융 회사 또한 투자한 금액이 손실이 나고 있는데도 손실을 만회할 기회를 엿보며 환매를 망설이는 심리를 이용하여 영업을 하고 있다.

조삼모사라는 말을 들어 봤을 것이다. 아침에 세 개의 먹이를 주고 저녁에 네 개의 먹이를 주려 하자 불같이 화를 내던 원숭이들이 반대로 주겠다고 하자 잠잠해졌다는 춘추 전국 시대 이야기에서 유래한 말이다. 이 역시도 틀 효과를 이용한 전략이다. 우리는 조삼모사를 보며 원숭이의 어리석음을 비웃었다. 통

신사나 카드 회사의 포인트에 혹하는 소비자가 그들에게는 원숭이와 다름없지 않을까.

똑똑한 소비자라는 말은 어쩌면 모순일지도 모른다. 소비 행위 자체가 똑똑하지 않기 때문이다. 그럼에도 인간은 소비자로 살 수밖에 없다. 어떤 생산자라 할지라도 소비자가 될 수밖에 없으니. 그나마 똑똑한 소비자가 되기 위해서는 나의 손실이 아니라 나의 이익에 초점을 맞춰야 한다.

세상은 어떻게든 우리를 현혹하려 안간힘을 쓰고, 우리는 그 앞에서 맥을 못 출 때가 많다. 그 옛날 영리한 줄 알았던 대학생들이 신용 불량자가 되어 뉴스 사회면을 장식했던 것처럼.

# 백종원이
# 식당 주인에게
# 가장 먼저 내리는 해결책

**선택의 역설**

누구나 한 번쯤 오늘은 무엇을 먹을지 고민해 본 적이 있을 것이다. 가끔은 식당에 가면 그냥 알아서 음식을 줬으면 싶을 때도 있다. 매일매일 밖에서 점심을 사 먹어야 하는 직장인에게는 점심 메뉴를 고르는 일 자체가 때로는 고역이다.

메뉴를 고르기 힘든 날에 종종 들르는 식당이 있다. 그곳은 백반이 주메뉴이고, 튀김과 계란 프라이 정도의 추가 메뉴를 주문할 수 있다. 매일 반찬이 바뀌고 집 밥을 먹는 느낌이라 직장인에게 안성맞춤인 곳이다. 들어가서 몇 인분인지만 말하면 5분 안에 밥이 나온다. 반찬의 맛도 좋지만 가격도 적당해 다른 곳에서 밥을 먹을 때보다 만족도와 효용 가치가 높은 편이다. 폐업하지 않고 내내 장사하기를 바라는 마음이다. 아직까지는 찾을 때마다 손님들이 많아 어찌나 안심이 되는지.

골목 상권에 활기를 불어넣기 위해 제작된 〈골목식당〉이라는 방송에서 백종원 씨가 가장 자주 내리는 솔루션은 메뉴를 줄이라는 것이다. 자신의 메뉴를 너무나 사랑하는 식당 주인들은 메뉴를 대폭 줄이라는 말에 주저하기도 한다. 그는 왜 이렇게 메뉴를 최소화하라고 강조하는 것일까.

백종원 씨가 점주들에게 메뉴를 줄이라고 하는 것은 원가 절감과 마진 등의 이유도 있지만, 핵심 상품에 주력하여 품질과 가격 면에서 경쟁 우위를 확보하고 브랜드의 가치를 높이기 위해서이기도 하다. 그러한 결정은 동시에 소비자의 선택을 쉽게 해 주는 결과를 낳는다.

## 무한한 자유가 반드시 행복을 가져다 주는 것은 아니다

컬럼비아 대학교의 쉬나 아이엔가 교수와 스탠퍼드 대학교의 마크 레퍼 교수는 샌프란시스코의 한 대형 마트에서 '잼 선택' 실험을 했다. 24개의 잼과 6개의 잼을 보여 주었을 때 소비자들의 구매 의사 결정이 어떻게 달라지는지 관찰했다. 많은 사람이 다양한 종류의 잼이 있으면 구매 의욕을 높이고 소비자를 더 만족시킬 것이라고 예상한다. 하지만 예상과 달리 6개의 잼을 접한 소비자들은 30퍼센트가 잼을 구입했고, 24개의 잼을 접한 소비자들은 단 3퍼센트만이 잼을 구입했다. 아이엔가와 레퍼는 실험 결과를 통해 '더 많은 대안이 오히려 소음을 일으켜 집중력을 방해한다'는 결론에 이르렀다. 이는 기업이 어떻게 품목의 수를 결정할지에 대한 중요한 고려 요소가 된다.

이 실험과 관련해서 심리학에 '선택의 과부하 가설' 혹은 '선택의 역설'이라는 개념이 등장했다. 선택의 역설을 말한 베리 슈워츠는 무한한 선택이 사람들에게 두 가지 부정적인 영향을 미친다고 말한다.

첫째, 선택은 역설적으로 자유보다 마비를 야기한다. 선택지가 너무 많으면 사람들은 선택 자체를 어려워한다. 현대인이 결정 장애에 걸린 이유도 여기에서 비롯된다. 편의점만 가도 너무나 많은 맥주 종류가 있고, 청바지 하나를 사러 가도 종류가 무척 다양하다. 그래서 "무엇을 먹고 싶냐"는 친구의 질문에 "아무거나"라고 대답하면서 결정을 남에게 미루는 것이다.

둘째, 이러한 마비 현상을 극복하고 많은 선택지 중 하나를 선택해도, 선택권이 적은 상태에서 선택했을 때보다 덜 만족하게 된다. 다른 것을 골랐으면 더 좋았을 것 같다는 상상을 하기 때문이다. 이 상상 속에서 만들어 낸 대안이 우리의 선택을 후회하게 만든다. 후회하는 만큼 선택의 만족도가 떨어진다. 선택 자체가 아무리 훌륭했다고 해도 말이다. 한꺼번에 여러 명의 고백을 받아 한 사람을 선택한 상황을 가정해 보자. 자꾸만 그 사람의 단점이 보이기 시작하고 예전만큼 나에게 잘해 주지도 않는 것처럼 보이면, 자신이 거절했던 다른 사람과 사귀었다면 어땠을까를 상상해 보기도 한다. 연애가 자유로운 지금보다 선을 봐서 결혼했던 옛날 사람들이 이혼하지 않고 더 잘 살았던 이유는 비교 대상이 없었기 때문이었을지도 모른다.

선택의 역설이 말하고자 하는 요지는 우리에게 무한한 선택의 자유가 주어져도 그것이 결코 행복을 가져다주지 않는다는 사실이다. 만약 어린 시절에 아무런 가이드라인 없이 내가 모든 것을 결정해야 하는 상황이 자주 주어졌다면 그만큼 불안하고 불행했을 수도 있다. 우리가 누린다고 생각했던 자유가 진짜 자유가 아니었을지도.

안 그래도 스트레스가 많은 사회, 매 순간 최선의 결정을 하기 위해 고민해야 하는 삶. 때로는 내 결정을 남이 대신 해 주었으면 싶을 때도 있고 결정 자체를 유보하거나 포기할 때도 있다. 남의 문제에는 너무나 뻔히 보이는 해답도 내 문제가 되면 '심 봉사 저리 가라'가 되어 버리곤 하니까. 어쩌면 삶은 주관식일 때보다는 객관식일 때 더 자유롭고 행복한 것일 수도.

# 주눅 들지 말고
# 복종하지 말고
# 대립하라

❧

**로미오와 줄리엣 효과**

아직까지도 우리나라 드라마의 지배적인 서사는 남녀 주인공의 사회적 지위 차이에서 비롯된 갈등이다. 둘을 갈라놓으려는 주위의 반대와 음모, 또 그걸 극복하고야 마는 주인공들의 처절함이 주요한 이야기이다. 치열하지 않은 사랑과 장애물이 없는 사랑을 비웃기라도 하듯이 드라마 속에서는 사랑 자체가 험난한 과제를 완수하는 과정인 것이다. 모든 힘을 장애물과 싸우는데 다 써 버려서 사랑할 힘이 남아 있을까 싶을 정도로.

이러한 서사는 옛날 옛적 호랑이가 담배 피우던 시절까지 기원이 거슬러 올라간다. 과거 설화와 민담, 동화와 통속 소설에도 이러한 서사가 주를 이루었다. 그래서 '행복하게 살았습니다' 라는 결말 이후의 그들의 사랑이 더 이상 기대되지 않는가 보다. 그렇게 온 힘을 다해 얻은 사람이 앞으로 보여 줄 단점에 몹시도 실망하게 될 테니까. 나의 전부를 걸어 얻은 사람이 고작 저런 사람이라는 것을 깨닫고 사랑에 대한 깊은 회의감을 품게 될지도 모른다.

그냥 가만히 내버려 두었으면 어느 순간 사랑이 식어 헤어질지도 모른다. 그런데 자꾸만 주위에서 뜯어말리니까 더 붙어 있고 싶은 반발심이 인다. 춘향과 몽룡, 로미오와 줄리엣도 제약된 사회적 제도와 뜯어말리는 사람이 없었더라면 그토록 불같은 사랑이 불가능했을지도 모른다. 시련이 주어질수록 마치 자신들이 비극적 이야기의 주인공이 된 듯 애틋해지는 것이다. 이처럼 주변의 반대로 더 깊어지는 사랑의 현상을 '로미오와 줄리엣 효과'라고 칭하기도 한다.

반발심은 인간이 가진 보편적 속성이다. 기어 다니는 아기 때부터 이러한 반발심이 나타난다. 인간은 자율성과 독립성을 획득하고자 투쟁하는 존재이기도 하다. 마거릿 말러는 '대상관계 이론'에서 이를 분리-개별화의 개념으로 설명한다. 유아는 엄마에게서 독립하려는 의지와 자율성에 대한 욕구를 가지고 있으며, 이때 유아의 심리적 탄생이 시작된다. 이 과정이 제대로 성취되어야 앞으로 유아가 스스로 기능할 수 있고 관계를 확립하는 능력을 통합할 수 있다.

부모는 아이가 청소년기가 되어 반발하는 모습을 보며 갑자기 아이에게 반발 욕구가 생겨난 것처럼 보일 것이다. 하지만 곰곰이 생각해 보면 이전에도 "싫어", "안 해" 같은 언어와 떼쓰기로 반발심을 충분히 표현하며 커 왔음을 깨달을 것이다.

### 누구나 마음속에 청개구리 한 마리씩 키운다

효를 강요하는 한국 사회에서는 '청개구리' 이야기를 들려주면서 부모의 뜻을 거스르는 순간 부모가 죽을지도 모른다는 겁박을 일삼았다. 무조건 부모의 뜻을 따르는 게 효인 것처럼 묘사하면서 부모의 뜻을 따르지 않았던 불효자들이 부모가 돌아가신 후에야 청개구리처럼 개굴개굴 울어 댄다면서 말이다.

유교 문화의 슬로건이 아름답기만 했던가. 주체성과 의지, 자기주장의 기술을 상실한 채 고분고분 부모의 말을 잘 들어 온 한국의 아이들은 과연 행복하기만 했던가. 무언가 자기주장을 하려면 버릇없는 인간이 되어야 했다. 아니, 우리는 대체 왜 상사 앞에서 내가 먹고 싶은 음식 하나도 말하지 못하는 인간이 된 것일까. 왜 우리는 남의 눈치나 살피고 부당한 주장에 옳은 주장으로 맞서지 못하는 삶을 살게 된 것일까. 이게 다 우리의 반발심이라는 지극히 자연스러운 기술이 일찌감치 거세된 결과가 아니겠는가.

집에서는 통제하기 좋은 아이로 부모 말에 복종하고, 사회에서는 부리기 쉬운 사람으로 윗사람의 말에 토 하나 달지 못하고 의문도 제기하지 못하는 예의범절의 희생자들. 조금만 자기주장을 한다 싶으면 까다로운 사람, 인간성 나쁜 사람, 재수 없는 사람, 더 나아가 사회에 부적응한 사람으로 낙인찍힌 왕따들. 희생자와 왕따가 넘치는 시대에 현재의 우리는 과연 자유의 권리를 누리고 있기는 한 걸까.

어린 시절 나는 자기주장이 강한 아이였다. 대학생 시절까지도 나의 주장을 말하는 것에 주눅 들지 않았다. 그런데 나이가 들면서 사회적 분위기와 흘겨보는 눈초리에 짓눌리기 시작했다. 아이의 자기주장은 눈감아 줄 수 있어도 어른의 자기주장은 분위기를 흐리는 것이 되기 일쑤였다.

여럿이 모인 자리에서 자기 자신에 대한 솔직한 심정을 이야기하자 갑자기 그것이 문제가 되었다. 느낀 것을 말하라고 해서 했을 뿐인데 "어떻게 스스로에 대해 그렇게 표현할 수 있느냐"부터 "표현을 더 순화해야 한다"까지 의견이 난무했다. 급기야 적대적인 눈빛까지 나타났다. 나의 생각 하나를 말하는 것도 직설적이라고 욕먹는 세상에서 남의 의견에 반박하고 남의 뜻을 거스르는 것에는 오죽할까.

닿아 본 적 없는 인생의 심해를 탐구하기 위해서는 누군가의 의견에 의문을 제기하는 일부터 시도해야 한다. 인류의 정의도, 평화의 유지도 대립되는 의견들이 있었기에 가능했다. 의미와 의지 없이 그냥 살아 있는 것은 삶이 아니다. 로미오와 줄리엣은 의지를 관철하기 위해 독약까지 마셔 대지 않았나.

# 대한민국이 통째로
# 번아웃에
# 시달리는 이유

## 번아웃 신드롬

어린 시절 접했던 수많은 동화와 이야기의 교훈이 우리를 놀지 못하게 만들었다. 가난은 죄악이며 철저히 개인의 책임과 몫이다. 타인과의 경쟁에서 뒤처지는 사람은 게으르고 어리석다. 대부분의 동화가 이러한 이분법적 사고방식으로 점철되어 있다.

땡볕에서 부지런히 일한 개미는 겨울이 되어 편하게 지내는 데 반해, 여름 내내 노래나 부르고 놀았던 베짱이는 결국 겨울이 되어 먹을 것이 없자 개미에게 식량을 동냥한다. 토끼를 만난 거북이는 토끼가 달리기 시합을 하자고 하자 무모한 경쟁에 뛰어든다. 물속에 있어야 할 거북이가 뭍으로 나와 자신의 취약점을 고려하지 않은 채 일을 벌이는 부족한 인지 능력과 뒤떨어진 현실 감각 능력은 한 번도 의심받아 본 적 없다. 다행히 토끼의 안일한 태도 덕에 승리라는 반사적 이익을 누린다.

한 번의 우연한 사건을 필연으로 만들고, 놀이보다 노동의 가치를 더 중요하게 여기며, 필사적인 삶의 태도를 갖지 않으면 삶에서 낙오될 수밖에 없다는 메시지를 아이들에게 주입한다. 이러한 메시지는 아이들이 공부에 전력 질주하게 만들었다. 아이들의 고유 능력인 노는 능력은 일찌감치 거세되었다. 그 덕에 공부하고 열심히 일하는 것만이 성실하다는 당위적 메시지의 노예들이 탄생한 것이다.

어느 날 다섯 살 아들과 피아노 수업을 끝마치고 떡볶이를 먹고 있는데 옆 테이블에 초등학교 저학년으로 보이는 아이와 할머니가 앉았다. 아들과 같은 피아노 학원의 가방을 가지고 있기에 나는 옆 테이블 아이에게 친근하게 말을 걸었다.

"피아노 치는 거 재미있니?"

"아뇨, 하나도 재미없어요."

아들이 말했다.

"나는 재미있는데."

"너도 내 나이 되어 봐라. 지금 내가 하는 말이 무슨 말인지 다 알게 될 거야."

10년도 채 못 산 초등학생의 '내 나이'란 말이 웃기면서도 안타까웠다. 우리는 늘 내 나이 정도는 되어야 이해할 세상이 있다고 생각하는가 보다. 그 말을 듣던 초등학생의 할머니가 대화에 참여했다.

"하도 하는 게 많아서 그래요. 토요일이 되어도 놀 수가 없어. 지금도 피아노 학원 끝나면 수영하러 가야 하고, 그거 끝나면 수학 학원에 가야 해요. 주말에도 애를 데리고 이 학원 저 학원 다녀야 해서 나까지 힘들어."

부모는 주말에 무엇을 하기에 주말까지 할머니가 손자를 학원에 데리고 다녀야 하는지는 굳이 묻지 않았다. 우리보다 더 늦게 들어온 아이가 더 일찍 일어나서 바삐 나가는 것을 물끄러미 바라볼 뿐이었다.

## 잘 놀아야 잘 사는 인간으로 성장한다

유럽에서는 아이가 초등학생일 때까지 학습을 많이 시키지 않는다. 초등학교 들어가기 전에 문자 교육을 시키는 것 자체를 나라에서 금하고 있다. 아이의 정체성인 놀이를 통해 사물을 탐구하고 규칙을 발견하며 호기심을 키워 주는 것이 최선의 교육 방법이라고 믿기 때문이다. 불행하게도 대한민국의 아이들이 일찌감치 번아웃 증후군에 시달리는 것과는 너무나 대조적인 모습이다.

미래학자들은 이전처럼 공부에만 매진하던 방식으로는 달라지는 세상에 적응할 수 없다고 말한다. 이제 그러한 기술은 불필요하다고 말하기까지 한다. 지식은 필요할 때마다 얼마든지 획득할 수 있다. 자신이 습득하는 정보를 통합하기 위해서는 창의적인 사고가 필요하다. 그리고 그 창의성은 놀이를 통해서 개발된다.

교육 심리학자인 레프 비고츠키는 놀이란 구성원 간의 협동이 핵심이 되는 사회 활동이라고 말했다. 비고츠키가 말하는 놀이의 주요 기능은 역할과 의미의 공유를 배우는 것이다. 이는 성인이 되었을 때 사회 구성원으로서의 핵심 역할을 배우는 것이기도 하다.

놀이를 하면서 서로 얼굴을 마주하면 머리 앞부분을 덮는 대뇌 피질인 안와 전두 피질이 상대방의 감정적 신호와 사회적 단서를 처리하여 상호 작용에 필요한 정보를 편도체에 넘긴다. 이러한 과정을 통해 사회성의 뇌가 강화된다.

또 다른 교육 심리학자인 제롬 브루너는 놀이가 인간의 미숙함과 관련이 있다고 했다. 인간은 누구나 미숙함을 가지고 있다. 그런데 놀이는 다양한 상황과 행동을 경험할 수 있게 하여 여러 상황에 유연하게 적응할 수 있도록 도와준다. 발달 심리학자 장 피아제도 놀이는 아이가 현실에 대해 배우고, 특정한 방법으로 환경을 통제하며 적응하는 행동이라 정의했다.

무엇보다 놀이는 감정의 뇌, 변연계를 자극한다. 다시 말해 놀이는 감정 조절에 긍정적 영향을 미친다. 놀이는 주로 동적인 활동과 정적인 이완의 연결로 이루어진다. 실컷 놀다 보면 힘이 빠지고 휴식을 취해야 하는데, 이러한 역동과 억제의 과정을 통해 뇌가 점점 균형을 잡아 가는 것이다.

놀이의 중요성을 강조하는 심리학자는 무수히 많다. 놀이를 통해 사회성을 배울 뿐만 아니라 정서적으로 안정되고 감수성을 키울 수 있으며 환경을 통제할 수도 있다고 한다. 그런데도 우리 사회는 여전히 아이들에게서 놀이를 빼앗고 있다. 전통적인 학습 방법을 고수하면서 아직도 학벌 신화에 갇혀 있다. 학벌은 그래도 깨지지 않을 거라고 굳게 믿으면서.

개미와 베짱이의 새로운 버전이 나왔다. 열심히 일한 개미는 회사의 구조 조정과 기계의 자동화로 일자리를 잃고, 노래하던 베짱이는 인기 가수가 되었다는 스토리이다. 이 이야기도 썩 훌륭한 결말은 아니지만 지금까지 우리가 들어 왔던 동화에 대한 반발심에서 비롯된 것이리라.

사회 곳곳에서 무미건조한 엘리트를 자주 만난다. 이들은 어린 시절 아이의 시기와 특권을 빼앗긴 어른들이다. 이제부터 자라날 아이들은 놀이의 특권을 온전히 누릴 수 있기를 바란다. 그래서 앞으로의 사회가 진짜 노는 베짱이들의 시대가 되기를 진심으로 바란다.

# 내가
# 나로 살지,
# 누가
# 나로 살까

· 자존감에 대하여 ·

# 내가 알아서 할 테니까
# 이래라저래라
# 하지 마

**통제감**

 

사람들과 함께 일하는 것을 좋아한다고 착각하며 살았다. 그런데 몇 번의 회사 생활을 겪으며 내가 얼마나 남에 대해 골머리를 앓는 성격인지 알게 되었다. 혼자 하는 일은 나만 통제하면 되는데, 사람들과 같이 하는 일은 그렇지 않았다. 다른 사람을 내 뜻대로 조종하거나 통제할 수 없을 뿐만 아니라, 통제권 밖에서 뜻하지 않은 상황과 사건이 너무 많이 생겼다. 통제감을 상실하는 느낌은 불안의 기초가 되고 짜증의 빌미가 되므로 나의 일만 잘하면 되는 작가라는 직업은 나 같은 사람을 위해 세상이 만들어 놓은 직업일 것이다.

예전에 사회 복지 기관에서 일한 적이 있는데, 그때 내 파트너는 일을 미루고 미루다 데드라인 바로 직전에야 시작하는 스타일이었다. 본인의 일이야 일 처리가 늦어지면 자기만 혼나면 되지만 누군가와 같이 일을 해야 할 때가 문제였다. 특히 일을 빨리 처리해야 직성이 풀리는 나는 그와 함께 공동의 과제를 할 때면 속이 터져 미칠 지경이었다.

공교롭게 나의 남편마저도 일을 최대한 미룰 수 있는 데까지 미루다 막판이 되어서야 하는 유형이다. 사실 하기만 해도 다행이다. 미루다가 안 하는 경우가 훨씬 더 많으니까. 인생은 원래 그렇게 타인에게서 연단되는 과정이던가. 결혼 내내 통제권을 획득하기 위해 치열하게 싸우고 그 화를 글로 승화하는 중이다. 물론 그도 나에게서 자신만의 통제권을 획득하기 위해 여전히 미루는 습관을 버리지 않는 것이겠지만.

이처럼 나는 일과 삶에 있어서 통제감이 무엇보다 중요한 사람이다. 내가 내 마음대로 내 시간을 쓸 수 없다는 것, 통제할 수 없는 누군가와 일해야 한다는 것, 누가 시킨 일을 한다는 것은 통제력을 발휘할 수 없는 조건이다. 한때 고시에 합격해서 공무원이 되는 것이 인생 최대의 목표인 적도 있었지만, 통제권이 제한되는 공무원이 되지 못한 것은 신이 그나마 나를 사랑했기 때문이리라.

## 통제감을 획득하려는 것은 인간의 본능이다

사람은 누구나 상황에 대한 통제감을 얻기 원한다. 이것은 거의 본능에 가깝다. 자신이 상황을 통제하고 있다는 생각이 들면 자신감이 생기고 더 즐겁게 일할 수 있다. 반면 통제감을 잃는 순간 무기력해지고 스트레스가 가중되며 우울감까지 느낄 수 있다. 이는 곧 자신감 상실과 자존감 저하, 다양한 정신 질환의 기초가 된다. 더 나아가 삶에 대한 의지와 의욕을 잃고 삶을 포기하는 비극의 출발점이 되기도 한다.

통제감이 없다고 느끼는 개인일수록 의지할 누군가나 무엇인가를 찾는 경향이 있다. 자신의 삶에 대한 통제력을 잃었다고 생각하는 사람이 신 또는 정부에 더 의지하거나 마약이나 약물, 도박에 중독되는 이유도 이 때문이다.

그러니 통제감을 전혀 획득할 수 없는 조직 생활이 인간에게 즐거울 리 없다. 조직이 잘 돌아가기 위해서는 개개인이 통제감을 잃지 않도록 하는 게 중요하다. 즉 조직원들이 재미있게 일하게 만들기 위해서 각 개인에게 통제권을 쥐어 주는 것이 장기적인 관점에서 봤을 때 득이 될 수 있다. 조직원 각자에게 선택권이 있고, 내가 내 뜻대로 주어진 일을 할 수 있다는 믿음이 생겼을 때 업무 성과도 더 높아진다. 그런데 그런 통제감을 주는 회사가 거의 없다는 것이 비극의 시작이다.

사회생활이라는 말 자체가 자유로운 대학 생활에서 갑자기 규율과 규칙의 세계로 회귀하는 것을 의미한다. 어렵게 얻은 자유를 빼앗기면서도 완강하게 거부할 수 없다는 사실은 인간이 한낱 성냥개비 같은 보잘것없는 존재라는 느낌만 줄 뿐이다. 월급에 내 삶을 저당 잡힌 채 내 것을 내 것이라고 하지 못하는데, 누가 돈 버는 것이 그저 즐겁기만 한 일이라 감히 이야기할 수 있을까. 이렇게 보면 월급이란 매 맞고 받는 돈과 비슷한 속성이 아니던가.

그렇다고 모든 사람이 조직을 떠나 프리랜서의 삶을 살 수는 없으니 조직에서 통제감을 잃지 않은 채 살아남으려면 누가 무엇을 시키기 전에 자율성을 가지고 일하는 자세가 필요하다. 통제받는 도구로서의 존재보다는 상황에 자율적인 존재가 그나마 더 인간적이니까.

어린 시절, 공부하려고 마음먹고 책상에 앉았는데 엄마가 공부하라고 말하면 갑자기 공부하기가 싫어졌던 것은 우리가 청개구리이기 때문이 아니다. 통제감을 상실하는 것이 본능적으로 싫어서였다. 연인에게 자꾸만 집착하고 끈질기게 매달릴수록 오히려 도망가는 것 또한 같은 이치이다. 사랑을 위해 자유를 기꺼이 버렸을지라도 사랑 안에 일단 들어가면 또 자유를 꿈꾸게 된다.

원래 인간은 존재 그대로가 자연이므로 서로에게 최대한 가까이 가려는 자연의 본능이 있다. 하지만 빡빡한 규율과 규칙의 세계에서 바람 한 줌 지나갈 만한 통로 정도는 있어야 겨우 숨이라도 쉴 수 있지 않을까. 원만한 관계를 유지하기 위해서는 상대방이 자신의 삶에 대한 통제권을 온전히 발휘할 수 있도록 하는 존중이 필요하다.

# 네가 좋다고
# 나도 좋은 것은
# 아니다

🌿

**나 전달법**

어른들은 어릴 때가 좋은 거라고 말한다. 그 말을 들을 때는 어려서 힘들었으므로 그러한 말이 와 닿거나 믿기지 않았다. 어른이 되어 가면서 세상에서 공부가 제일 쉬웠다던 수능 만점자의 말에 공감이 가기 시작했다. 노동력을 제공하고 정당한 대가를 받는 것임에도 마치 월급을 하사받기라도 하듯 비굴해지고 착취당하는 노동 현장. 그곳에서 인간이 서로에게 얼마나 지옥일 수 있는지도 절실히 느꼈다. 왜 아버지들이 사직서를 가슴에 품고도 회사를 그만둘 수 없었는지 연민도 생겼다.

어른이 되기 위한 과정이 자유를 쟁취하는 과정이라 생각했다. 그것이 자유를 잃으러 걸어가는 길인 줄도 모른 채. 그래, 어른들이 우리보다 훨씬 더 많이 가졌다면 우리를 보면서 그렇게 부러워하지는 않았겠지. 아직 그 상황이 되어 본 적 없으므로 어른들 세계의 피 땀 눈물에 대해 모르는 게 당연했다. 세세하고 세밀하게 알았더라면 아무도 어른이 되고 싶어 안달하지 않을 것이다.

사회생활을 처음 시작했을 때 월급이란 웃기 싫은 사람에게도 웃고 울화를 참아 가며 죽어 간 나의 감정에 대한 조의금이자, 앞으로 겪고 보고 들을 더러운 꼴에 대한 위로금이라는 것을 알았다.

## 일이 힘든 건 견뎌도 감정이 힘든 건 못 견딘다

첫 직장이 대학교였는데 나는 한마디로 많은 윗분들을 모셨다. 우선 식당에 가면 수저를 챙겨 드려야 했다. 챙기지 않고 멀뚱멀뚱 있는 날에는 얼른 수저를 챙기라는 불호령이 떨어졌다. 일이 바빠 부서장이 온 것도 모르고 있는 날에는 어디선가 잔소리가 날아왔다. 무심결에 했던 말도 어느새 센터 전체에 돌아다녀 결국 불려 가서 야단을 맞아야 했다. 어느 날은 가기 싫은 회식이 있었다. 가기도 싫은 2차 노래방에서 열심히 탬버린을 두드렸다. 주말에도 회사에 와서 상사가 하는 일을 도우라는 전화가 걸려오곤 했다. 힘없는 사람은 자장면 하나 얻어먹으면서 시간 외 수당도 나오지 않는 남의 일을 해야 하는 것이다. 그 와중에 윗분들에게 들러붙어 이 말 저 말 옮기는 간신배들은 꼭 있어야 한다. 그게 직장 생활이 쓰레기장이 되는 결정적인 요건이니까.

처지지 않는 게 이상했던 어느 날, 실장이 그날따라 유난히 축 처진 나를 불렀다.

"왜 그렇게 축 처져 있어?"

"아, 좀 우울한 일이 있어서요."

"도대체 그 나이에 우울할 일이 뭐가 있어?"

그러면 그렇지, 웬일로 내 기분을 다 신경 쓸까 싶었다. 이렇게 직장은 내 마음대로 우울하지도 못하게 만드는 감정 폭력의 장이 되었다.

우리 모두에게 직장이란 그렇지 않나. 일이 힘들어 퇴사하고 싶은 사람이 몇이나 될까. 사람이 힘들어 여기가 지옥이구나 싶은 거지. 치열한 아귀다툼 끝에 위로 올라간 사람일수록 직원들에게 악마가 되고, 그중에 살아남은 마귀들의 힘이 가장 세다는 걸 경험하고 있지 않나. 물론 멋진 상사가 어딘가에 꼭 있을 거라 믿어 의심치 않는다. 귀한 것이니까 숨어 있고, 숨어 있으니까 귀한 것이겠지.

같은 취향을 공유하는 사람들이 모인 한 소셜 살롱에서 '감정 살롱'을 진행한 적이 있었다. 그곳에서 만난 한 직장인은 책에서 배운 대로 직장 상사에게 건의를 했다가 된통 깨졌다고 한다. 이후에 인사 고과에서도 불이익을 당하며 더 가혹한 처벌과 냉대를 받았다고 이야기했다.

책에서는 분명 타인의 잘못을 이야기하지 말고 본인이 느끼는 것에 대해서만 말을 하면 상대가 수긍할 거라고 했다는 것이다. 이를 '나 전달법(I message)'이라고 한다. 그래서 그는 상사의 불합리한 태도에 대한 자신의 감정을 솔직하게 이야기했다는 것이다.

하지만 책에서 배운 많은 전문가의 해답이 도통 먹히지 않는 또라이는 분명 있는 법이다. 배운 것도 배운 사람에게나 적용할 수 있다. 그는 이후에 철저하게 머리를 숙이는 법을 익히는 중이라고 했다. 직장에서 자신의 감정을 솔직하게 이야기해서 문제를 해결한다는 것은 불가능한 일임을 알았기에 다른 방법으로 자신의 쌓인 감정을 해결한다면서.

**당신들에게 필요한 건 내 노동력이지 내 감정이 아니다**

우리 사회의 많은 곳에 민주주의가 들어섰지만 가장 민주화되지 못한 곳이 회사이다. 심지어 이런 권위주의를 타파하겠다고 서로의 영어 이름을 부르는 회사조차 상사에게는 '스티브 님', '찰리 님'이라고 한다. 거대한 회사라는 조직에서 하나의 부품이 되어 돌아가는 개인에게 사사로운 감정 같은 것은 허용되지 않는다. 감정이란 일을 못했다고 무시하는 상사나 남의 뒷말과 소문을 만들어 내는 무뢰배들에게나 허용된다.

그래서 우리는 하루 종일 감정을 삭이느라 집에 오면 녹다운이 된다. 휴일에는 소파와 한 몸을 이루는 것이다. 흔히 감정을 분출하는 데 더 많은 에너지가 사용될 거라고 생각한다. 그런데 감정을 참고 조절하는 데 더 많은 에너지가 쓰인다는 것이 여러 심리학 연구에서 밝혀졌다. 그리고 의식적으로 참는 것이 감정을 조절하는 데 결코 도움이 되지 않는다는 것도.

심리학자 마크 무라벤과 로이 바우마이스터는 자아가 근육과 같아서 자아 통제를 하면 에너지가 고갈될 수 있다고 주장했다. 원치 않는 것을 억제하는 일은 특별한 노력이 요구된다. 그런데 이러한 노력을 하는 데 지원되는 정신적 에너지의 양과, 우리의 행동을 조절하고 통제하게 하는 자아의 힘은 한정된 양을 가지고 있다고 한다.

그들은 실험을 통해 이를 증명했다. 실험 참가자들에게 동물이 죽어 가는 장면이 담긴 자연재해에 관한 영화를 시청하게 했다. 첫 번째 집단에는 감정을 억누르라고 지시했고, 두 번째 집단에는 감정을 증폭하거나 과장할 것을 지시했다. 그리고 세 번째 집단에는 정서를 조절하라는 어떠한 지시도 하지 않았다. 그 후 참가자들에게 악력기를 쥐고 버틸 것을 요청했다.

그 결과 지시를 받지 않은 집단에 비해 억제 및 증폭의 지시를 받은 집단이 악력기를 쥐는 시간이 짧았다. 감정을 통제하는 데 에너지를 다 써서 육체적 힘을 쓸 수 없던 것이다. 실험은 감정 통제와 실제적 행동 통제가 다름에도 서로 영향을 미치며 제한된 양의 에너지를 소모한다는 것을 보여 준다.

즉 감정을 참는 것 자체가 정신적 에너지뿐만 아니라 육체적 에너지까지 고갈시키는 것이다. 이러한 고갈이 계속해서 일어나면 결국 자아력이 고갈된다. 정신적 힘과 육체적 힘은 항상 서로 연결되어 영향을 미친다. 하루 종일 거짓으로 웃어야 하고 불편한 감정을 내색조차 못한 채 참아야 하는 직장인의 일상에서 자아의 힘이 약해질 수밖에 없는 것은 어찌 보면 당연한 결과이다.

하루 중 가장 생산적이고 활발한 시간을 직장에서 보내면서 이 사람 저 사람에 치이고 온갖 분노, 짜증, 서러움, 슬픔, 우울 등의 감정을 참느라 에너지는 고갈될 수밖에 없다. 우리가 가진 에너지는 한정되어 있는데, 매일매일이 있는 대로 힘을 소비하고 쥐어짜는 과정의 연속이니 직장인들의 번아웃이 흔한 것은 너무도 당연하다.

직장은 돈을 벌고 일을 하기 위한 곳이니 서로의 감정은 서로 가 알아서 할 몫인 것은 어쩔 수 없다. 그렇다면 마찬가지로 직장은 돈을 벌고 일을 하기 위한 곳이니 가족 같은 분위기를 운운하며 자기에게 필요할 때만 희생을 요구해서도 안 된다. 자기 일을 위해 사사로이 직원을 부르거나, 자신의 승진 욕구에 대한 책임을 부하 직원에게 전가하거나, 우울해하는 부하 직원에게 감정적 학대를 해서도 안 되는 것이다. 그리고 각자의 수저는 각자가 알아서 챙겨야 한다.

직장에서 나쁜 사람도 분명 가족이나 친구에게는, 혹은 교회에서나 하다못해 축구 동호회에서는 좋은 사람일 수도 있을 것이다. 그 희박한 가능성을 믿고 참기에는 하루 종일 같이 일하는 사람은 얼마나 피로할지. 내가 굳이 동료에게 무언가 보태지 않아도 우리 모두 어릴 때가 좋았다며 1분 1초씩 녹슬어 가지 않던가.

# 너와 나,
# 참 손발
# 안 맞는다

🌱

**성격 유형**


일상에서 제아무리 친하게 지내던 친구들도 여행을 가면 꼭 싸운다. 그렇게 죽고 못 살아 결혼을 한 부부라도 신혼여행지에서 대판 싸우는 일은 흔하다. 남편과 신혼여행지에서 싸우다 하루를 허비했던 것을 생각하면 아직도 억울하여 결혼을 다시 하고 싶은 심정이다. 행복한 신혼여행을 위해서라면 몇 번이라도 못 할까. 연인이 만나서 몇 시간 동안 사랑을 속삭이거나 어쩌다 만난 친구와 몇 시간 동안 수다 떨며 서로 공감하고 짝짜꿍은 할 수 있을지 모른다. 하지만 하루 종일 함께하기에는 인간의 내면은 비좁은 공간이고 능력은 협소하여 쉽게 부하가 걸리고야 만다.

친한 동생이 친구와 함께 유럽으로 떠났다. 평소 무척이나 친한 사이였기에 정말 재미있는 여행이 될 거라고 한껏 기대에 부풀었다. 그런데 동생은 여행을 다녀와서 다시는 그 친구와 여행을 가지 않겠노라 다짐했다. 다짐이 깨어지기라도 할까 봐 마치 내가 증인이라도 되듯 나를 보며 이야기했다. 친구와는 도무지 함께할 수 없는 여행의 세계를 자꾸만 확인하고 또 확인받고 싶은 것처럼.

동생은 여행 내내 돌아다닐 곳이나 먹을 곳을 찾아보는 등 계획을 짜며 행복해하고, 그를 실행에 옮겨야 만족하는 스타일이다. 그런데 그의 친구는 현실의 빠듯함을 내쫓고 온 여행지에서조차 시간과 계획에 쫓겨 허덕거리고 싶지 않았다. 그저 내키는 대로 자다가 내키는 대로 나가서 돌아다니기를 원했다. 둘은 여행의 목적과 서로 다른 여행 방식을 확인하지 않고 서로 좋아하는 마음 하나만 믿고 여행지로 떠난 것이다.

마음이란 자신의 취향과 스타일에 따라 얼마나 깨지기 쉬운 것이던가. 취향이 맞지 않는데도 이루어지는 우정이 처음부터 가능하기는 했던 것일까. 잘 맞는 줄로만 알고 서로 덧대었던 마음이 결국 맞지 않는 퍼즐임을 확인했던 순간을 알고 있을 것이다. 더 이상 쓰지 않게 된 우정과 그 세계의 역사는 얼마나 길고도 장황한 역사였으면서도 짧은 스침이었나. 그런 식으로 사라져 버린 모든 우정을 애도할 뿐.

물론 둘의 차이점을 여행지에서 비로소 확인했던 것은 아니었을 것이다. 꼼꼼하게 계획을 세우고 모든 것에 성실했던 동생과 자유분방하고 느긋한 성격의 그의 친구는 일상에서는 내가 갖지 못한 것을 서로 동경했을 수도 있다. 서로의 다름이 특별한 장소에서는 또 얼마나 아름답게 조화를 이룰까 상상했을지도 모르겠다. 그러나 한 사람은 기다리다 지쳤고, 한 사람은 상대의 기다림 때문에 지쳤다.

누군가의 일부를 갖고서 기쁜 마음으로 집으로 돌아갈 수는 있다. 하지만 누군가의 전부를 껴안고 하나의 시공간에 함께 있어야 하는 건 힘든 일이다. 절대적인 간절함이 있을 때조차도 그렇다. 더군다나 무엇이 깨질까 봐 서로에게 쉽게 짜증이나 화를 낼 수도 없는 관계는 스트레스만 쌓여 다시는 마주하고 싶지도 않게 되는 것이다.

### 나는 나대로, 너는 너대로 인정해야 할 필요

성격을 내향인과 외향인으로 구분하듯이 여러 학자는 다양한 연구를 통해 자신들만의 방법으로 성격을 구분했다. 메이어 프리드만과 레이 로젠만이라는 미국의 심장 전문의들은 관상성

심장 질환을 일으키는 중요한 요인으로 성격을 꼽았다. 그들은 A 유형과 B 유형의 성격 유형을 제시했다.

A 유형은 과도한 경쟁심, 투쟁적이면서 적극적인 삶의 태도, 성급하고 시간에 쫓기며 적은 시간에 많은 일을 하려는 경향으로 설명할 수 있다. 이들은 자기 자신은 물론 타인과 환경, 삶 자체를 두고 오랫동안 투쟁을 벌이며 적개심과 위기감, 잦은 분노의 표현을 내보인다. 한마디로 엄청나게 열심히 살면서 매사에 최선을 다하는 완벽주의자들이다. 그러니 자신의 계획대로 돌아가지 않는 상황을 참지 못하고 스트레스에 취약할 수밖에 없다. 프리드만과 로젠만은 이러한 성격 유형이 결국 심혈관계 문제를 일으킬 수밖에 없다고 보았다.

반대로 B 유형은 느긋하고 안정적이며 여유로운 성격 유형이다. 이들이라고 해서 게으르고 무디거나 자신의 목표가 안중에도 없는 것이 아니다. 이들도 자신의 일을 완성하고 성취하기 위해 노력한다. 단지 A 유형과 달리 자신의 계획이 틀어지거나 목표가 달성되지 않았다고 해서 스트레스를 심하게 받지 않을 뿐이다.

사실 우리 모두가 태어날 때부터 원래 B 유형이었다고 할지라도 세상은 A 유형이 되기 십상인 곳이다. 나만 하더라도 기질과 성격 검사를 하면 낙천적이고 자유로운 기질을 타고났다는 결과가 나온다. 그런데 지금의 나는 거의 A 유형의 성격에 가깝다. 살아남기 위해 치열해졌고, 죽음을 피해 달리느라 빨라졌다. 나를 만들어 이 땅에 보낸 이가 봤을 때는 통곡할 일이 아니던가. 자신이 만든 것과 전혀 다른 모양새로 살고 있으니.

희망적인 것은 우리에게 주어진 기질이 여러 가지 후천적인 요소와 환경 탓에 다른 성격으로 바뀌어 버렸다면, 지금의 성격도 또 다른 성격으로 바꿀 수 있다는 사실이다. 우리는 살지 못한 시간을 더 절실하게 써 내려간다. 되지 못한 자신을 더 열망하는 것처럼. 그렇게 다가올 내 모습에 더 간절해 보는 것이다.

# 비록 집에만
# 박혀 있다고
# 해도

🌿

회피

요즈음 작가는 다재다능해야 한다. 강연이나 북토크를 하기도 하고, 나처럼 자신의 전공이나 지식을 공유할 프로그램을 일부러 만들기도 하며, 유튜버로 활약하는 작가도 점점 늘고 있다. SNS 팔로워가 몇 명인지도 중요하다. 미디어에 자주 출연하는 작가라면 가장 훌륭할 것이다. 그래야 책을 잘 팔고 출판사에서도 좋아할 테니까. 작가는 원래 글만 잘 쓰면 되던 직업이었으나 시대가 변하면서 별것을 다 할 줄 알아야 하는 직업이 되었다. 정확히 말하자면 작가로 살기 위해 이것저것을 다 하는 것이다. 작가의 수입만으로는 살 수 없으니 다른 것으로 돈을 벌어 좋아하는 글을 쓰기 위함이다. 글을 쓰는 생을 포기하지 않으려.

그런데 작가로 살아 보니 작가라는 직업은 사회와 단절되기 딱 좋은 직업이라는 생각이 든다. 마음만 먹으면 얼마든지 글로만 세상과 소통할 수 있으니 말이다. 하루 10시간씩 집에서 글을 쓸 때는 주변인들한테 인기가 없는 게 오히려 편할 때도 있었다. 누가 자꾸만 나오라고, 보자고, 놀자고 하면 글을 쓸 수 없을 테니까.

보기 드물게 활동적이거나, 여러 개의 직업을 동시에 가졌거나, 나처럼 텔레비전에 나오는 게 꿈인 일부 작가들을 제외하면 자기 노출을 극도로 꺼리는 작가들이 많다. 필명으로 글을 쓰는 작가도 있고 대중의 기대에 못 미칠까 봐 언론 인터뷰 자체를 거부하고 집이나 집필실에 자신을 가두는 작가도 있다.

그러한 대표적인 작가가 무라카미 하루키이다. 그는 사람들이 자신의 실제 모습을 보고 실망할까 봐 두려워 노출을 극도로 꺼린다. 새로운 존재가 삶에 끼어드는 것을 도저히 참을 수 없어 자녀도 갖지 않는다고 한다. 집안일도 겨우 하는 정도라고 말했다. 자신의 모든 에너지를 글에만 쏟아 내는 느낌이랄까.

미국의 시인 에밀리 디킨슨 역시 방구석에서 자신을 고립한 채 생을 마감했다. 1864년 즈음 은둔 생활을 시작하여 1886년에

생을 마감할 때가 되어서야 비로소 은둔의 삶이 끝이 났다. 그녀는 자신의 집 거실에서 치러진 아버지의 장례식조차 참석할 수 없었다. 같은 집에 사는 가족도 보지 않고 살았던 것이다. 디킨슨은 사회에서 늘 불편함을 느꼈고, 관계에서도 행복보다 배신을 훨씬 더 많이 경험했다고 한다. 이외에도 고립한 채로 글만 쓴 작가들은 역사에서 손에 꼽을 수 없을 정도로 많다.

## 스스로를 자가 격리하는 사람들의 비밀

단순히 낯을 가리거나 친한 사람과만 교제하는 내향형의 사람만 있는 게 아니다. 비난이나 거절에 대한 극도의 두려움을 갖고 있어서 자기를 비난하거나 거절하지 않는 안전한 사람과만 관계를 맺는 사람도 있다. 어느 일본인은 상처받은 경험 때문에 12년간 은둔형 외톨이로 집 안에서만 지냈다고 한다.

이처럼 스스로를 가두어 둔 사람 중 '회피성 성격 장애'를 가진 사람이 많다. 하루키와 디킨슨도 회피성 성격 장애의 대표적 표본이다.

회피성 성격 장애를 가진 사람은 한마디로 상처받는 것이 두려워 계속해서 뒤로 걸어가는 사람들이다. 전 세계의 3퍼센트 정도가 회피성 성격 장애를 가졌다고 한다. 이들은 누군가가 자신을 조금만 비난하거나 거절하는 것 같으면 과도하게 불쾌해

한다. 또한 자신을 조금이라도 싫어하는 모습이 보이면 실망하고 모욕감을 느낀다. 어떠한 상황에서도 자신이 열등한 존재라는 과한 비판적 자기 인식이 저변에 깔려 있다. 낮은 자존심을 가지고 있기 때문에 실패할 바에는 시도조차 하지 않는 것이 더 낫다고 생각하기도 한다.

특이한 점은 이들이 누구보다 친밀한 관계를 원한다는 것이다. 어쩌면 친밀한 관계에 대한 갈망이 커서 더 쉽게 공포로 치환되는 것이 아닐까. 욕망과 갈망 없는 인간에게는 상처도 무용해질 테니.

심리학자 아론 벡에 따르면 회피형 성격 장애를 가진 사람은 상처를 견뎌 내는 심리적 저항력이 남들에 비해 턱없이 부족하다고 한다. 불쾌한 생각과 감정에 대한 내성이 매우 약하기 때문에 감정을 다스리려고 하지 않고 감정적인 관계 자체를 회피한다. 모든 과정이 견딜 수 없는 고통으로 작용하기 때문이다.

어쩌면 스스로를 영원히 자가 격리할 정도의 상처라면 본인은 여러 번 상처를 참아 왔을 것이다. 결국 상처가 터져 상처 속에 빠져 버린 것일지도 모른다. 바깥과 완벽히 대비되는 곳에서 웅크린 채 집으로부터 보호받는 모습이 마치 자궁 속에 있는 아기 같다.

사람들은 경계를 넘는 사람에게 경고를 하지 않고, 경계를 지키는 사람에게 상처받지 않는 방법을 모색하라고 한다. 그러한 완벽한 방법은 없으므로 끝에 가서는 결국 관계를 없애는 것이다. 자신을 없앨 수는 없으니.

마음의 상처를 예방하는 백신이 개발된다면 인간의 외로움이 멸종될 수 있으려나. 자궁을 찢고 다시 태어날 수 있으려나.

# 저마다
# 마음의 체급도
# 다르다

自

**자기 이해**

"제발 담배를 끊으셔야 합니다."

의사의 간곡한 말에 아버지는 코웃음을 쳤다.

"아니, 내가 담배를 피워도 나를 고칠 수 있어야 유능한 의사
이지."

"……."

아버지는 당뇨와 그 합병증으로 한참을 고생했다. 의사는 담
배를 끊고 환자로서 최소한의 의무를 다할 것을 당부했다. 하지
만 아버지는 예전과 다를 바 없이 담배를 피웠고 술을 마셨다.
먹는 것도 그대로 먹었고 운동도 하지 않았다. 그런 환자를 살

릴 수 있는 것은 인간의 힘을 넘어선 신의 권능 안에서만 가능할 것이다.

병에 걸렸는데, 병에 걸리기 전 자신의 상태를 잊지 못하여 그때 그대로 생활하고 행동한다면 결과는 불을 보듯 뻔하다. 육체적 조건이 달라졌으면 마음의 자세와 태도, 생활 습관 등도 달라져야 한다. 적응을 잘하고 자신의 위치를 제대로 파악하고 있는 사람이라면 이전과는 다른 생활을 할 것이다.

아버지의 병은 점점 더 나빠졌다. 어느 날 쓰러졌다는 소식을 듣고 황급히 병원으로 갔는데, 아버지는 나를 보며 엉엉 울었다. 그렇게 성격이 불같고 화가 나면 인정사정없이 나를 두들겨 패던 무서운 사람이 아기처럼 울었다. 지방에서 서울까지 구급차로 아버지를 싣고 왔다. 아버지는 창밖의 풍경을 마치 처음 보는 것처럼 아기의 얼굴을 하고는 모든 세상을 눈에 담고 있었다. 그것이 마지막 바깥 구경이라는 것을 짐작이라도 한 듯이.

얼마 있지 않아 아버지는 말을 잃었고, 혼자서 먹지도 움직일 수도 없었다. 밥을 먹이고 기저귀를 갈아 주어야 했다. 그야말로 진짜 아기가 되어 버렸다. 어쩌면 우리의 삶은 아기로 태어나 아기로 죽는 것일지도 모른다. 단지, 누가 보아도 예쁜 아기가 누가 보아도 초라한 아기로 변할 뿐. 몇 달 동안 아버지는 아기처럼 나의 보살핌을 받다가 하늘나라로 갔다. 의사의 조언대로 자신의 몸을 잘 돌보았더라면 최소한 결말을 유예할 수는 있었을지도 모르겠다.

## 각자의 마음에 알맞은 각자의 안정감

인간의 육체적 능력은 시간의 흐름이나 사람에 따라 다르다. 따라서 우리는 지나간 시간 속의 나 혹은 신체적 능력이 다른 사람과 함부로 싸워서는 안 된다. 스포츠에서도 체급이 다른 사람들끼리는 경기하지 않는다. 다윗이 골리앗과 싸워 이긴 것은 전적으로 신의 자비요, 은혜였지 아무나 다윗처럼 허세를 부렸다가는 병원으로 직행할 수밖에 없다.

어른과 아이가, 여성과 남성이 서로 몸싸움을 하지 않는 것은 약한 존재에 대해 사회적으로 합의된 예의가 있기 때문이다. 서로 힘이 대등하지 않은 자들끼리 충돌하는 것을 싸움이라 하지 않고 폭력이라 일컫는 이유이기도 하다.

사회적 능력도 비슷한 이치로 작용한다. 사회적 능력이 뛰어난 사람이나 사회적 위치가 높은 사람이 그렇지 못한 사람에게 행사하는 힘은 완력이고 꼰대 짓이며 '갑질'로 정의된다. 사람들은 모두 그러한 힘의 불균등에서 오는 상황을 정의롭지 못하다고 판단한다.

이처럼 육체적이고 사회적인 능력에 대해서는 충분히 인지하는 사람들이 안타깝게도 심리적 능력에 대해서는 전혀 고려하지 않는다. 당뇨에 걸려 노쇠해진 육체처럼 노쇠해진 마음이 있을 것이다. 아무리 겉은 젊어도 노쇠한 마음이 있다. 반대로 겉이 아무리 나이가 들어도 어린 시절에서부터 단 한 치도 벗어나지 못한 약하고 어린 마음도 있다.

부모에게서 적극적이고 애정 어린 관심을 받고 자라 체급이 큰 마음이 있고, 무관심 속에서 자라 체급이 작은 마음이 있다. 체급이 다른 마음과 자신의 마음을 비교하여 주눅 들기도 하고, 큰 체급의 마음을 가진 사람과 싸워서 이기려는 사람도 많다. 여기에서 마음의 병이 더 깊어진다.

나는 우울감을 자주 느끼고 우울증에 걸린 사람이 왜 한사코 밝고 웃음이 많은 성격으로 변해야 하는지 이해가 가지 않는다. 왜 모두가 하나의 체급이 되어야 하는지, 마음의 지향점이 반드시 있어야 하는지. 왜소한 사람은 왜소한 대로, 큰 사람은 큰 대로 사는 것처럼 마음도 그래야 하는 것 아니던가. 모든 사람이 똑같은 심리적 안정감을 추구한다는 것 자체가 모순이다.

나의 심리적 능력치와 체급이 어느 정도인지 현재 내 심리적 위치를 파악해야 한다. 아이라면 감히 어른과 싸워서 이기려는 생각에서 벗어나야 한다. 반대로 노인이라면 더 이상 쇠약해지지 않기 위해 관리를 잘해야 한다.

예전에 다니던 단골 한의원의 의사가 이런 말을 한 적 있다.

"환자 분은 몸이 거의 아기여서 약도 남들이 먹는 양의 딱 절반 정도만 먹어야 해요."

나도 성인이라며 성인의 양을 그대로 복용했다가는 탈이 날 것이 뻔하다. 마음도 그렇다. 아기인 내가 섭취하기 힘든 상황, 소화하기 힘든 무엇들, 들 수 없는 무게의 짐들을 감히 할 수 있다고 말하며 나 자신에게 강요하지 말아야 한다. 물론 상대에게도 마찬가지이다. 우리가 어린이와 노약자를 보호하듯 심리적 어린이와 심리적 노약자도 보호해야만 한다.

그리고 나의 심리적 핸디캡은 내 탓이 아니다. 덜 자랐다고, 빨리 늙었다고 아무도 나에게 뭐라고 할 수 없는 것처럼.

# 때때로
# 마음속에 짐이 가득
# 찼다면

**기차에서 만난 이방인**

"하나하나 이 소식을 어떻게 다 전하지?"

"걔한테 말하면 하루 만에 다 퍼질 거야."

같은 과 동기 중에 비밀 발설 병기로 불리던 친구가 있었다. 그 동기의 귀에 들어가는 모든 말은 발설되었다. 비밀이면 비밀일수록 더 재빨리, 더 낱낱이 퍼지곤 했다. 소문이 났으면 하는 소식을 일부러 그 동기에게 말하는 친구도 있었다. 시간과 힘을 절약할 수 있는 방법이었으니.

어떤 날은 나의 비밀을 동기에게 들었다며 그 동기와 절교하기를 종용하던 친구도 있었다. 새삼스러운 일도 아니기에 개의

치 않았다. 동기의 특성을 알고 난 후부터는 퍼져도 상관없는 소식만 전했으니까. 이러한 사정을 아는지 모르는지 그 동기가 나에게 따끔하게 충고한 적이 있다.

"나는 나의 진짜 비밀은 아무한테도 이야기 안 해. 내가 남의 비밀을 못 지켜 주니까, 남도 내 비밀을 못 지켜 준다는 것을 알거든. 그러니 너도 진짜 비밀은 함부로 다른 사람한테 이야기하지 마, 나한테도."

뭐랄까. 범법자가 범죄를 저지른 후 피해자에게 충고를 하는 느낌이랄까. 그렇게 굴면 피해를 당하게 되어 있어. 아무한테도 피해를 당하지 마, 나한테도. 비밀 하나 지키는 것을 마치 사명처럼 여긴 나에게는 친구의 가벼운 입놀림과 충고가 충격이었다. 세상에는 다양한 생명체가 산다. 뻔뻔한 생명체도 살고.

우리는 항상 당하는 사람에게 당하지 않는 법을 이야기한다. 심지어 범죄자나 가해자도. 자신이 바꾸어야 할 문제를 남에게 예비하라고 하는 이상한 이 분위기는 사회 곳곳에, 개개인의 의식 속에 깊이 침투해 있다.

비밀을 지키는 일보다 발설하는 데서 오는 쾌감을 아는 이들은 들킬까 봐 염려하면서도 폭로하는 일을 멈출 수 없다. 그래서 계속 발설하게 되고, 발설하지 못하면 답답증에 시름시름 앓기도 한다. 오죽하면 대나무 숲에라도 가서 "임금님 귀는 당나

귀 귀"를 외치던 의관까지 있었을까.

아이오와 대학교 연구팀에서는 비밀이 있을수록 스트레스가 커지고 건강을 해치게 된다고 했다. 따라서 비밀을 털어놓거나 비밀에서 벗어나야 건강을 지킬 수 있다는 것이다. 아이러니하게도 비밀 발설 병기였던 동기의 또 다른 별명이 '걸어 다니는 종합 병원'이었다. 비밀을 발설함으로써 그나마 병 한 가지는 덜었던 것이려나. 어쨌든 비밀을 가지면 혼자 끙끙거리며 마음의 병을 앓을 수 있으니 다른 사람과 상의하라는 것이지, 건강을 지키기 위해 비밀을 누설하라는 말은 아닐 것이다. 그것도 남의 비밀을.

**품고 있던 감정을 털어놓는 멋진 방법**

간혹 여러 가지 모임이나 프로그램을 진행하며 자신의 이야기를 하게 되는 경우가 있다. 그럴 때 처음 만난 사이에 이런 이야기까지 어떻게 할 수 있나 눈을 동그랗게 뜨게 되기도 한다. 나도 한 번 보고 말 사람에게는 더 쉽게 나의 이야기를 하기도 한다.

이를 심리학에서는 '기차에서 만난 이방인 현상'이라고 한다. 나에 대한 정보가 전혀 없고 앞으로도 없을 사람에게 부담 없이 자신의 이야기를 털어놓는 것이다. 나와 겹치는 관계가 없으니 그가 누구에게 말한다 한들 내 귀에 들려올 가능성도 희박할 것이다. 한 번 보고 말 사람이니 이미지를 신경 쓰지 않아도 되어서 더 편하다. 한마디로 낯선 이는 쓰레기 소각장 역할을 하기에 충분하다. 영화에서도 여행지에서 만난 사람들끼리 가족에게도 할 수 없던 이야기를 하며 친해지고 사랑에 빠지는 장면이 흔하지 않던가. 물론 여행지라는 특별한 장소에서 일상으로 돌아왔을 때 물거품이 되는 사랑도 많을 테지만.

그런 이유로 여행을 자주 떠난다는 지인이 있다. 자신의 비밀을 자유롭게 해 주기 위해. 가족과 곁에 있는 사람에게는 비밀을 말하는 순간 기대하게 되고 부담을 주게 되며 걱정하게 만든다. 그래서 모르는 사람에게 자신의 비밀을 털어놓기 위해 여행을 떠난다고 한다. 그렇다면 여행지에 사는 사람들은 세상의 수많은 비밀을 떠안게 되어 힘들지 않으려나.

우리가 비밀을 쉽게 털어놓을 수 없는 것은 '쿨하게' 헤어질 수 없기 때문이다. 자주 보는 사람에게 비밀을 말하게 되면 그를 다시 만났을 때 그 비밀을 다시 만나야 하기 때문이다. 그를 볼 때마다 내가 전달했던 비밀을 확인하는 셈이다. 나의 비밀이 민들레 포자처럼 다른 곳으로 날아가서 말의 씨를 뿌리고 싹을 틔우지는 않을까 근심이 되어 상대방과 나의 비밀에 쿨하게 안녕을 말할 수 없다.

하지만 낯선 이방인에게 비밀을 맡기는 순간 비밀은 더 이상 나와 함께하는 것이 아니라 그의 몫이 된다. 주고 왔으니 잊어 버릴 수 있다. 나는 여행을 별로 해 본 적이 없지만 여행을 떠나는 사람들의 마음을 조금은 알 것 같다. 그들이 여행지에서 무엇을 버리고 오는지도.

우리는 가끔 보물찾기를 할 때 보물을 어디에 숨긴지 기억하지 못할 때도 있다. 어디에 숨긴지도 모를 만한 곳에 보물처럼 꼭 품었던 것들을 놓아두고 오는 것도 꽤나 근사한 방법인 듯하다. 혹시 낯선 곳에서 나의 이야기를 전해 듣더라도 모른 척해 주시기를.

# 나의 영역,
# 너의 영역,
# 우리의
# 경계

# 사교성
# 좋은 사람이
# 사회성도 높을까?

### 사교성과 사회성

초등학교 때부터의 생활 기록부를 보면 선생님들이 얼마나 창의적이지 못하고, 얼마나 학생들을 많이 모르는지 알 수 있다. 거의 전교생에 대한 평가가 비슷하다. '위 학생은 사교적인 성격으로', '사교성이 부족해' 기타 등등 사교성이란 단어는 꼭 빠지지 않고 등장했다. 그때부터였을까. 우리가 사교성에 목매기 시작한 것이.

사교적이다, 그렇지 않다는 '좋은 아이이다, 아니다' 혹은 '모범생이다, 아니다'로 읽히곤 했다. 사교적이어야만 낙오되지 않고 사회생활을 할 수 있으니 사교성을 기르라는 압력을 주는 듯했다. 너는 사교적이지 않으니 학교생활이 그 모양 그 꼴이며 문제 학생이라는 메시지를 담고 있는 것도 같았다.

요즘은 아이가 사교적이지 못해서, 사교적이지 못할까 봐 근심 걱정하는 학부모도 많이 만난다. 사교적이라는 평가 하나가 온 학교, 온 사회생활, 온 인생에 부정적 영향을 미치는 대한민국에서는 당연한 걱정이러나.

사교적이라는 것은 무엇이며, 어떻게 측정할 수 있을까. 객관적 지표는 있는 것일까. 한 사람이 사교적이라고 평가를 받으려면 최소 몇 명의 동의가 필요할까. 단순히 주관적 느낌이라면 사람마다 느끼는 게 다 다를 텐데, 누군가의 개인적 느낌이 우리에게 그렇게 중요한 것일까.

이 질문 중에서 나는 사교성에 대한 뜻만 겨우 말할 수 있을 듯하다. 물론 다른 물음에 답을 말할 수 없다는 것이 답을 모른다와 동의는 아니며, 위의 질문이 진짜 질문이 아니라 그저 형태만 질문일 수 있음을 밝힌다. 모든 답이 'No'일 거라고 짐작하는 사람이 이미 많겠지만.

우리는 흔히 '사회성이 떨어진다'는 표현을 하곤 한다. 내성적인 사람, 누군가와 쉽게 친해지지 못하고 낯을 가리는 사람을 향해 이런 표현을 사용한다. 그런데 이는 엄밀히 말하면 사교성이지 사회성은 아니다. 사교성이 다른 사람에게 얼마나 개방적인가를 말하는 것이라면, 사회성은 관계를 지속하는 힘뿐만 아니라 사회의 규범과 규칙, 법에 적응하는 능력까지 포함하는 개념이다. 더 정확히 말하면 사회성에는 사교성뿐만 아니라 배려심, 책임감, 공감 능력, 측은지심 등이 포함된 것이다.

이러한 정의의 차이라면 선생님들이 사교성이 부족하다는 사실 때문에 우리의 어린 시절에 대한 평가를 일갈하는 것에 더 크게 반대하고 반항할 수밖에 없지 않나. 사교적이지는 못해도 사회성이 높을 수 있으며, 사교적인 사람이라 하더라도 전반적인 사회성은 떨어질 수도 있으니 말이다. 무엇보다 사람마다 사람을 사귀는 속도, 마음의 문을 여는 정도, 친밀함에 대한 정의가 전부 다를 수 있다. 모두가 같아야 한다는 것은 독재 사회에서나 가능한 전제이니까.

### 관계를 맺는 보폭과 속도는 사람마다 다르다

사람 사이에는 합의와 조율이라는 것이 필요하다. 그렇기에 적극적으로 거리낌 없이 상대에게 다가가는 것이 항상 좋은 것만은 아니다. 관계에서 소극적인 사람보다 적극적인 사람이 관계의 선을 넘을 확률이 높으므로.

적극적인 사람과 그렇지 않은 사람이 만나면 속도 조절을 함께 해야 한다. 그런데 적극적인 사람은 빨리 친해지는 것에 거부감을 가진 사람의 마음을 헤아리지 못한 채 상대의 소극성만 탓할 수도 있다. 내가 이만큼 주는데도 너는 왜 그 정도밖에 주지 못하는지 따지며 한 발짝 물러나는 법을 모르는 것이다. 그렇다면 이 사람을 사교적이라고 말할 수 있을까.

개방적인 태도로 누구와 만나도 허물없이 지내는 사람은 행동의 한계를 설정하기 힘들 때가 있다. 행동의 한계가 없다는 말은 자기 조절력이 떨어진다는 의미이며, 자기 조절력의 부재와 부족은 관계에 악영향을 미칠 수 있다. 다시 말해 개방적이고 쉽게 친해진다는 것, 즉 사귐의 속도 하나로 사교성을 정의하고 설명하기에는 한계가 있다.

인간이 서로 만나 관계를 맺는 것은 서로의 특성과 성격을 확인하고 적절한 선에서 조화를 이루는 과정이다. 내가 만나는 사람이 정말 싫어하는 부분을 건들지 않는 민감함, 상대의 의사를 물어보는 배려, 보폭과 속도를 맞추는 동행의 능력 등이 사교성에 모두 포함되어야 하는 요소이다.

사교적이고 싶어서, 사교적이라는 평가를 받고 싶어서 목소리 톤을 높이고 억지로 미소를 지으며 푼수처럼 군 적이 있었다. 10년을 넘게 그렇게 살았더니 만나는 사람들에게 무시와 천대를 받고 있었다. 심지어 나에게 착하다고 말하면서 막말을 하고 화를 내던 친구도 있었다. 착하다는 뜻이 대체 무엇일까를 한참

동안 고민했다. 사교적이라는 말 자체가 우리를 무언가에 묶어 두기 위한 용도였던 것은 아니었을까.

소극적이라고 해서, 살살거리며 말하지 않는다고 해서, 속도가 느리다고 해서 마음이 없는 것이 아니다. 마음을 먼저 표현하는 것도, 마음이 마음에 먼저 도착하는 것도 중요한 게 아니다. 관계란 바람이 창과 창 사이를 순환하듯 서로의 내실 사이를 관통하는 자연스러움이어야 한다. 서로의 거리를 존중해 주는 것이 존재감을 확인하는 길이다.

이제는 사교성이라는 노쇠한 언어와 작별하고 싶다. 언어에 매몰되어 나를 잃는 것이라면 더 그렇게 해야만 한다.

# 너는되고,
# 나는
# 안돼?

🌱

## 귀인 오류

구청에서 상담사로 일할 때였다. 동료 중에 허구한 날 다른 동료의 뒷말을 일삼는 사람이 있었다. 이 사람과 만나면 저 사람의 뒷말을, 저 사람을 만나면 이 사람의 뒷말을 돌아가며 했다. 뒷말의 대상이 동료 전부였던 셈이다. 우리 모두가 그의 뒷말을 알고 있었으니 사실 뒷말도 아니었지만.

뒷말의 내용도 가지각색이었다. 본인이 제대로 배우지 않아 업무가 느리면서도 스스로 알고자 하는 의지는 접어 두고 동료가 일을 가르쳐주지 않는다고, 자신에게 친절하지 않았다고, 깔끔을 떤다고, 일을 잘한다고, 또는 이유 없이도 뒷말을 해 댔다.

쉰이 넘은 나이였는데, 공자가 쉰이 되면 뭐 어떻게 된다고 했더라? 하늘의 뜻을 안다는 지천명은 그에게는 해당되지 않는 말이 분명했다.

어느 날 그는 씩씩대며 다른 동료를 욕하고 있었다.

"나를 대체 뭘로 보고 나한테 다른 동료 뒷담화를 까? 내가 뒷담화나 들어 주는 사람처럼 생겼어? 내가 그렇게 우스워? 내가 기분이 나빠서, 원."

요샛말로 '내가 하면 로맨스, 남이 하면 불륜'이라고 했던가. '내로남불'도 이런 내로남불이 없다. 평소 그렇게도 남의 말을 대놓고 하던 사람이 다른 동료가 남의 흉을 보자 갑자기 정의로운 사람이 되었다. 그런 그의 모습에 모두가 할 말을 잃었다. 그래, 그는 정의로웠던 것이다. 자신은 정의로운 사람이기 때문에 남의 흉을 보아도 정의로운 일이었고, 남이 남의 흉을 보는 건 그야말로 흉인 거였다. 놀라운 이중 잣대여, 부끄러운 줄 모르는 까만 마음이여.

프리츠 하이더라는 심리학자는 이러한 현상을 '귀인'이라는 개념으로 설명했다. 귀인이란 관찰된 행위의 원인을 따지는 것을 의미한다. 하이더는 귀인을 내부와 외부로 구분했다. 내부는 행동의 원인을 성격이나 생각 등 개인에게서 찾는 것이고, 외부는 환경이나 상황에서 찾는 것이다.

다른 사람을 욕하거나 미워하는 것은 모두 내부 귀인의 결과이다. 남에 대해 끊임없이 뒷말을 하고 미워할 요소를 찾던 동료는 다른 사람이 어떤 의도를 가져서 자기에게 불친절했다거나 성격이 이상해서 저런다며 내부 귀인을 했다. 자기가 하는 욕은 상대가 욕먹을 짓을 했기 때문이고, 남이 하는 욕은 인격이 온전하지 못해서인 것이다.

이처럼 행동의 원인을 사람에게서 찾으려고만 하는 것을 '기본적 귀인 오류'라고 한다. 기본적이라는 단어가 붙은 것은 그만큼 사람들 사이에서 비일비재하게 일어나는 오류라는 뜻이다.

귀인 오류는 자신이 관찰자인지 행위자인지에 따라서도 달라진다. 이를 '행위자-관찰자 편향'이라고 한다. 동일한 행동에 있어서 자신이 관찰자인 경우에는 내부 귀인을, 행위자일 경우에는 외부 귀인을 하는 것이다. 이를 테면 남이 교통 법규를 위반하면 운전이 미숙하거나 난폭 운전을 했기 때문이라고 생각한다. 반면에 자신이 교통 법규를 위반할 때는 도로 사정이 안 좋아서라고 한다. 같은 불륜을 저질러도 자기가 할 때는 로맨스이고, 남이 하면 불륜이 되는 셈이다.

## 평가는 늦을수록, 안 할수록 좋다

귀인 오류는 사람의 시야가 좁기 때문에 발생한다. 더 구체적으로 말하자면 남이 잘못했을 때는 상황보다 잘못하는 사람이 먼저 보이지만, 자신의 잘못에서는 더 넓은 상황을 보기 때문이다. 또한 남에 대해서는 정보가 부족하지만, 자신에 대해서는 정보가 넘쳐 나기 때문이기도 하다. 내 눈에 거슬리는 행동을 한 사람에게 무슨 사정이 있었는지 알 수도 없고 알려고도 하지 않지 않는가.

SNS에서 한동안 화제가 된 이야기가 있다. 한 의사가 자신이 수술한 환자의 보호자에게 무미건조하게 상황을 설명하고 바로 자리를 떴다. 보호자는 의사의 거만함과 성의 없는 태도에 분노했다. 보호자의 분노한 모습을 본 다른 의료진이 그에게 상황을 설명해 주었다. 그 의사가 얼마 전 아들을 잃었고, 여태 장례식장에 있다가 부랴부랴 수술하러 왔다가 다시 장례를 치르러 가는 것이라고 말이다.

이처럼 우리는 상대의 상황까지 세세하게 알 수는 없다. 그러므로 정확한 상황을 알기 전까지는 그에 대한 평가를 보류해야 한다. 평가는 늦으면 늦을수록 좋고, 아예 없으면 더 좋은 법이니까.

인간에게는 잘되면 제 탓, 못되면 남 탓을 하고 싶은 내밀한 본능이 있다. 그럼에도 인간에게는 다행히 양심과 죄책감이 있어 스스로를 타이를 수 있기도 하다. 남 탓이나 해야 간신히 숨을 쉴 수 있을 때조차 행여 나로 인해 숨을 못 쉬는 사람이 생길까 봐 스스로를 단속한다. 그것은 곧 나를 낡은 채로 버려두지 않기 위함이리라. 우리의 눈을 가린 것들을 벗어야 드디어 문제의 본질이 남는다.

# 적정한 경계가
# 매우
# 중요한 이유

✿

**관계의 패턴**

주는 것에 익숙한 사람과 받는 것에 익숙한 사람. 둘 다에 소
질이 전혀 없는 사람. 둘 모두를 거부하는 사람. 둘 모두를 잘하
는 사람. 관계는 분명 주고받는 것이라 배웠다. 그래서 관계란
평등하고 평형한 것이라 생각했다. 하지만 실생활에서 그를 느
껴 본 적은 거의 없다. 안부를 묻고 싶은 밤, 기대고 싶은 날, 맛
있는 걸 보며 누군가를 떠올리는 시간에 대부분의 생각과 관계
가 한 방향으로 흘러가고 있었으니.

삐걱대고, 이상한 마음을 남기고, 어떻게 나한테 이럴 수 있느
냐며 악다구니를 쓰고, 배신감에 모든 관계를 정리하면서도 희

망을 엿보고. 마치 너와 내가 부르는 노래가 합창이 아니라 돌림 노래인 듯 사람들은 '우리'라는 단어와 '관계'라는 단어를 어떻게 조합해야 할지 몰라 혼란에 빠진다.

희한하게도 사람은 같은 패턴으로 관계에서 나자빠진다. 늘 같은 곳에서 빨려 들어가는 블랙홀 같은 것이 있다. 돈을 잘 빌려 주는 사람은 꼭 돈을 빌려 달라는 사람이 주변에 꼬이고, 돌보는 삶에 익숙한 사람은 관계에서도 돌보아야 하는 사람이 넘친다. 들어 주는 사람은 들어 주다가, 요구하는 사람은 요구하다가 지치기도 한다.

### 왜 나는 받는 것보다 주는 것이 훨씬 편했을까

나는 주로 상대를 도와야 하는 상황이 오면 그에 매몰되는 편이다. 남을 돕다가 진이 빠지고, 그러다 넋을 놓고, 결국 힘들어서 관계를 끝내 버린다. 이것이 거의 공식처럼 패턴화되어 자주 발생한다. 이전에는 내가 단순히 사람들을 돕는 상황 자체를 좋아하고, 자비심과 연민이 깊어서 타인의 안타까운 상황을 그냥 지나치지 못하는 것인 줄로만 알았다. 그래서 왜 내 주변에는 나를 돕는 사람은 없고 나의 도움을 바라는 사람만 있는 거냐며 한숨 짓곤 했다.

살면서 욕구를 제대로 표현하며 산 적이 별로 없다. 아빠가 힘들까 봐 업어 달라는 한마디를 못 했다. 땅바닥에 그림만 그리면서 아빠가 먼저 업어 줄까 물어 주기를 바랐다. 무엇을 갖고 싶다고 말하거나 떼써 본 적도 없다. 욕구를 표출하는 것에 일종의 죄책감을 느끼곤 했다.

친구들과 맛있는 걸 먹으러 가서도 내가 돈을 내는 게 편했다. 아무도 해결책을 제시해 주지 못하는 고민을 털어놓을 필요성도 느끼지 못했다. 그러니 친구들에게 도움을 요청하기는커녕 종종 친구들을 내 삶에서 제외했다.

"왜 너는 너의 비밀 이야기를 안 해? 왜 아무 고민도 털어놓지 않아?"

하루는 친구가 볼멘소리를 했다. 괜히 고민을 털어놓아서 서로 힘들 필요가 있느냐고 대답했지만, 사실 친구들은 나를 도울 수 있는 상대가 아니라고 생각한 것이 내면의 진심이었다. 도움이라는 것은 강자가 약자에게 베푸는 거라고 믿었다. 나는 친구들을 나보다 약하고 도움을 주어야 하는 존재로 인식하고 있었다. 죄책감과 우월감 사이에서 묘하게 걸터앉아 나는 사람들을 바라보기도, 내려다보기도 했던 것이다.

내가 누군가를 도와주는 행위는 내 욕구보다 상대의 욕구를 더 생각해야 한다는 죄책감의 발로였다. 이는 내가 상대보다 더 능력이 있어서 도와주어야 한다는 우월감으로 귀결되었다.

이러한 무의식적 패턴을 알고 나서부터는 선민의식을 가지고 누군가를 돕다가 지치는 패턴에서 벗어날 수 있었다. 여전히 누군가에게 도움을 청하는 것에는 익숙하지 않지만.

## 관계의 패턴을 다시 만드는 방법

거절을 하지 못해 친구의 대리 시험까지 봐 준 지인이 있었다. 그의 주변에는 그에게 부탁하기 위한 사람들이 넘쳐 났다. 부탁을 들어주지 않아 불편한 마음으로 있는 것보다는 힘들더라도 들어주고 나서 편안한 마음이 되는 편이 나았다. 조별 과제를 혼자 도맡았고 대리 출석은 물론 시험까지 대신 봐 주는 지경이 되었다. 그 역시 왜 자신의 주변에는 자신에게 부탁하는 사람들만 꼬일까 하는 의문을 가졌다.

그런데 문제의 주범은 본인이었다. 엄밀하게는 관계에 대한 무의식적 패턴이 문제였다.

그는 초등학생이었을 때 왕따를 당했고, 이후에 관계를 지속하는 데 있어 자신의 의견을 피력할 수 없었다. 자기가 의견을 말하는 순간 친구들이 자신을 싫어할 거라 생각했다. 관계를 어떻게든 유지하기 위해서 작은 부탁도 다 들어주었던 것이다.

이러한 패턴에서 벗어나기 위해서는 자신이 키워 왔던 부정적인 믿음이 틀렸다는 사실을 깨달아야만 한다. 욕구를 표현하는 일이 전혀 나쁜 게 아니라는 것, 누군가를 돕는 행위는 힘이 아니라 마음에서 비롯된다는 것, 관계를 유지하기 위해서는 서로 부탁을 들어주어야 한다는 것. 기존의 믿음, 즉 원인을 찾으면 선택권이 생기고 생각을 전환할 수 있다.

그런 다음 경계를 정해야 한다. 경계라고 하면 강하고 공격적으로 선을 그어야 한다고 오해하는 사람이 있다. 그런데 경계란 대립이 아니라 보호이다. 상대의 무지로부터 나를 보호하고, 나의 실망으로부터 상대를 보호하는 평화의 전략인 셈이다.

상대가 행동할 때 짜증과 화가 밀려오는 지점이 분명 있을 것이다. 그곳이 내 욕구의 무덤이자 문제의 뿌리이다. 짜증과 화는 과거로부터 이어 온 어떤 일이 패턴화되어 나를 자극하고 있다는 증거이다. 그러므로 그곳에 분명한 두 개의 빨간 줄로 표시해 놓아야 한다. 만약 그러한 증거를 계속해서 무시한 채 그렇지 않은 척 상대방을 위한 행동만 한다면 나를 학대하는 것에 지나지 않는다.

누군가가 경계를 지으려고 하면 상대를 희생자로 바라보는 경향이 있다. 그래서 사람들은 대부분 먼저 선을 긋는 것을 두려워한다. 관계란 행복의 요소여야 하는데, 참는 것이 최선이라 생각한 결과 관계 자체가 힘든 과제가 되어 버렸다.

인간은 혼자서 살아갈 수 없어 공동체와 사회를 만들어 냈다.

이런 사람들에게 외로움은 서로가 없이는 해결할 수 없는 문제이자 사태이다. 개인화되고 파편화된 외로움에 공동의 해결책을 모색하려면 자신을 읽는 것부터 시작해야 한다. 그래야 상대에게서 멀어지는 것을 막을 수 있다. 그런 다음 우리는 서로에게 천천히 스미는 하나의 장면이 되어 줄 수 있지 않을까.

# 내가 판단하고
# 내가
# 결정할게

### 인지적 에너지

이성에게 가는 마음을 꽁꽁 싸매고 혼자만의 것으로 만들고 싶을 때도 있고, 이상하리만치 들켜 버리고 싶을 때도 있다. 은근하게 들켜도 좋을 마음이었다.

"저 사람 목소리가 참 매력적이에요."

"아, 쟤? 쟤 말이야. 예전에 쟤 여자 친구를 본 적이 있어. 걸크러시의 선두 주자 같은 여자였지. 그런 여자 좋아하나 보더라고. 너는 쟤 전 여친이랑은 참 분위기가 달라, 그치?"

깽판을 놓겠다는 건지, 뭔지. 전 여자 친구가 나랑 완전히 다른 스타일이어서 그가 나에게 관심을 두는 일 따위는 일어나지 않을 거라는 저주인 건지. 목소리가 좋다는 내 한마디에 아는 언니는 물어보지도 않은 그의 전 여자 친구에 대해서 주절주절 말을 계속 이어 갔다.

"보기엔 참 '상남자' 같은데 여자한테 아주 꽉 잡혀서 꼼짝도 못 하더라고. 그래서 헤어졌나, 하도 갑갑해서?"

"원래 사랑은 그렇게 꼼짝도 못 하는 거죠."

전에 어떤 여성을 만나 어떻게 연애를 하고 왜 헤어졌는지 전혀 궁금하지 않았다. 알아야 할 이유도 없었고. 남성이든, 여성이든 특정인에게 궁금증이 일면 내가 직접 알아보면 된다.

사람과 사람 사이에는 그들만의 역사가 있기 때문에 다른 이에게 좋은 사람이 무조건 나에게도 좋은 사람일 리 없다. 다른 사람과 관계가 나빴다고 해서 나와도 나쁠 거라는 보장도 없다. 그래서 타인에 대해 타인에게 묻지 않는다.

하지만 사람들은 입이 근질거려 도저히 참을 수 없는 것 같았다. 감각 중 제일 참기 힘든 것이 가려운 것이 아니던가. 따갑거나 아픈 것은 참아도 가려운 것은 어떻게든 손을 대야만 하지 않는가.

세상에서 가장 불필요하고 불온한 것이 사람에 대한 사람의 정보이다. 주관적이면서도 확인할 길 없고, 눈에 쉽게 띄는 정보임에도 곡선을 그리며 굴절되어 도착하니까. 때로는 정보의 기능을 하기보다 상대를 내 편으로 만들기 위한 욕구가 보이기도 한다. 가끔은 자기와 사이가 좋지 않거나 자기가 싫어하는 사람을 다른 이들도 그렇게 느끼게 하고야 말겠다는 의지와도 같은 음침한 마음이 느껴지기까지 한다.

그럼에도 우리는 늘 누군가에 대해 묻고, 누군가에 대해 말해 준다. 나처럼 남의 판단 자체에 큰 의미를 두지 않아 어떤 이야기를 들어도 바로 기억에서 날려 버리는 사람도 있을 것이다. 하지만 남의 말을 믿고 상대에 대해 어떤 태도를 취할지 결정하는 사람도 있다. 편견이나 고정 관념, 뒷말, 왕따 등은 그래서 생겨나는 것이다.

### 힘이 더 들더라도 내가 판단해야 하는 것

인간은 대부분 스크루지이다. 정확하게는 인간의 뇌가 구두쇠라는 말이다. 머리를 많이 쓰면 갑자기 몸이 축 늘어지거나 피곤해지는 경험은 누구에게나 있을 것이다. 나는 집중해서 글을 쓸 때면 먹어도, 먹어도 허기가 채워지지 않아 초콜릿을 옆에 두고 먹곤 한다.

인간이 뇌를 쓰면 전전두엽의 포도당을 사용하기 때문에 몸의 힘이 떨어질 수밖에 없다. 생각을 많이 하면 할수록 피로해진다. 게다가 인간은 생각하는 데 필요한 에너지를 비축하고 잘 쓰지 않으려는 경향성이 있다. 에너지를 써야 할 순간을 위해서 힘을 비축해 두는 것이다.

인간에게는 모든 정보를 체계적이고 종합적으로 처리할 수 있는 인지적 자원이 제약되어 있다. 그래서 어림짐작하거나 주먹구구식으로 의사를 결정하기도 한다. 이 방식을 '휴리스틱'이라고 하며, 이러한 인지 시스템을 '인지적 구두쇠'라고 한다.

심리학에서는 사람이 정보를 처리하는 과정을 '자원을 투입'한다고 비유한다. 따라서 인지적 구두쇠는 특정한 정보를 얻기 위해 투입되는 시간적·신체적·심리적 비용이 예상되는 이익보다 클 경우, 정보를 습득하여 합리적인 판단을 하는 대신 무지의 상태를 유지하려는 것을 말한다.

인간의 몸에서 뇌는 전체 에너지의 20퍼센트를 소비한다. 인간이 주의를 기울여 머릿속에 담을 수 있는 정보의 양, 즉 작업 기억 용량은 한정되어 있다. 생물학적으로도 인간이 체내에 담아 둘 수 있는 에너지, 그중에서도 두뇌에 할당할 수 있는 에너지는 극히 한정되어 있다. '인지 자원 작동 시스템'에 따르면 에너지 사용량을 최대한 줄이는 자동 절약 시스템을 가동했을 때 뇌의 사용량을 5퍼센트까지 줄일 수 있다고 한다.

휴리스틱과 대비되는 개념이 알고리즘이다. 알고리즘은 주어진 정보를 가지고 추론을 거듭한 끝에 엄밀한 답을 도출해 내는 것이다. 알고리즘적 문제 해결이 '최적화'를 지향한다면 휴리스틱에 의한 문제 해결은 '만족'을 지향한다.

그런데 모든 문제를 알고리즘으로 접근할 수 없을 뿐만 아니라 알고리즘적 해답이 도저히 존재하지 않는 경우도 있다.

휴리스틱 접근은 정확하지는 않더라도 빠른 답을 낸다. 생존율을 높이고 힘을 절약하는 데 기여한다. 그럼에도 우리는 사람에게만큼은 알고리즘적 접근을 하면 좋겠다. 느리게 천천히 서로를 알아 가기를. 그것이 우리의 외로움을 끊어 내는 방법이지 않을까.

새로운 직장과 학교, 초행길, 처음 만나는 사람 등은 에너지를 많이 쓰게 만든다. 정보를 얻고 알아 가는 데 시간이 오래 걸릴 뿐만 아니라 긴장 상태에 있다 보니 더 힘이 들어간다. 그렇기에 새로운 환경에 놓이거나 낯선 타인과 함께한다는 것 자체가 상당히 부담스러운 일이다. 같은 시간이라도 익숙한 곳보다는 낯선 곳에 갈 때 더 멀게 느껴지고 가는 길이 편안하지 않은 것도 긴장 상태에서 에너지를 많이 소비하기 때문이다.

특정인에 대한 부정적 평가나 험담에 사람들이 솔깃하게 되는 이유도 자신의 인지적 에너지를 쓰지 않으려 하기 때문이다. 상대가 진짜 어떠한 사람인지 알아보기 위해서는 그를 실제로 겪어야 한다. 겪는 과정에는 시간과 노력이 든다. 때로는 알아야 할 필요성과 알 만한 가치가 없다고 여겨지기도 한다. 이것이 인지적 에너지를 소비하지 않으려는 문제의 본질이다. 알고 싶고 알 만한 사람이라 여겨진다면 없던 에너지도 만들어 내지 않을까. 중요하지 않고 알고 싶지 않기 때문에 남의 평가에 그냥 편승해 버리고 마는 것이다.

그럼에도 인간은 소중한 존재이니 스스로에게 모를 자유는 허락하되 가벼이 평가하는 것을 넘어 괴롭히는 지경에까지는 이르지 말아야 한다. 모를 자유를 통해 힘을 비축해 놓고선 남을 괴롭히는 데 더 많은 힘을 쓰는 꼴은 우스꽝스러우니까.

많은 사람이 남은 나를 잘 알아주었으면 좋겠고, 나는 남을 별로 알고 싶지 않은 이중적인 마음으로 살아간다. 사람을 제외한 기타의 모든 일에 힘을 들이느라 정작 사람을 알아 가는 데 필요한 에너지는 현저히 부족하다. 자신은 소문의 대상이 되기를 원치 않으면서 남에 대한 항설에는 살에 살을 덧붙인다. 그럴 때는 기억하자. "내가 스스로 알아보겠다"는 한마디로 어쩌면 놓칠 수도 있었던 사람을 얻을 수도 있다.

# 혼자 기대하고
# 실망하지
# 않는 법

**ABCDEF 모델**

약속을 세상에서 가장 중요한 가치라고 믿어 왔다. 사람에 대한 믿음이 부족했기에 그에 대한 반작용과 보상 심리 등이 혼재되었기 때문일 것이다. 그래서 약속은 깨기 위한 것이라는 말이나 약속을 쉽게 어기는 사람을 혐오했다.

누군가가 약속을 취소하면 같이 걷던 친구가 나 홀로 내버려두고 홀연히 사라지는 기분이다. 소원을 빌라고 해서 잔뜩 기대를 하고 있었는데 금세 사라지는 별똥별을 보는 것과 비슷한 느낌이다. 약속을 지키기까지의 시간과 노력 등 귀찮은 과정을 이겨 낼 정도로 내가 그에게 중요한 사람이 아니라는 증거 같고.

그래서 돌연 약속을 취소한 사람이 다시 약속을 잡지 않고 취소만 하고 말 때면 다시는 그 상대와 약속 같은 건 잡지 않겠다고 맹세하기도 한다. 너에게 내가 소중하지 않다면 나도 너를 소중하게 생각하지 않겠다는 복수심 같은 모난 감정이 올라오는 것이다.

스마트폰 메시지를 보내고 '읽씹(읽고 답하지 않는 것)'을 당하면 존재를 부정당하는 것 같아 우울과 혼자 싸운다. 물론 내가 끝내 지는 싸움이 대부분이다. 왜 답장을 안 하느냐고 재차 묻기도 어렵고, 그런 걸로 화를 내고 머리 복잡하게 구는 못난 사람이 되어 버리니까. 그런데 읽씹은 아무리 생각해도 기분이 나쁘다. 내가 그저 있어도 그만, 없어도 그만인 풀떼기 같은 느낌이랄까. 그 뒤에 '따위'라는 의존 명사도 잊지 않고 붙여 주어야 풀떼기의 의미가 완성된다. 그전까지는 친구였는데 이제부터는 읽씹의 '대상'이 되는 것이다.

존재가 대상이 되는 것은 열심히 찍은 사진을 앨범에 넣어 두고 절대 꺼내 보지 않는 것과 비슷하다. 있긴 있는데 없는 것과 마찬가지인. 그러다가 '맞아, 거기 소중한 게 있긴 있었는데 다시 봐 볼까' 하다가도 귀찮아서 그냥 놓아두는.

그런데 이때 느끼는 나의 기분은 합리적인 것일까. 이를 연구한 심리학자가 있다. 인지 치료의 선구자인 앨버트 엘리스는

ABC 이론에 바탕을 둔 합리적 정서 행동 치료(REBT)를 통해 ABCDEF 모델을 제시했다.

A(activating events): 내부 혹은 외부 사건
⇒ B(belief): 사물을 해석할 때 덧씌우는 필터와 같은 믿음
⇒ C(consequence): 해석의 감정적 결과
⇒ D(dispute): 비합리적인 신념에 대한 합리적 신념의 논박
⇒ E(effects): 논박의 결과로 새로운 철학이나 새로운 인지 체계를 가져오는 효과
⇒ F(feeling): 그에 따른 감정

엘리스가 나에게 묻는다. 진짜 네가 느끼는 것처럼 약속이 취소되고 연락에 답이 없는 사건과 상황 자체가 너를 힘들게 하는 것이 맞느냐고. B와 같은 너의 생각이 너를 힘들게 하는 것이 아니냐고. 들키고야 말았다. 심리학자들이란, 어찌 과거에서 미래의 내 생각을 꿰뚫어 보고 있던 것인지.

이미 나도 내면으로는 알고 있었으나 부인해 왔던 진실을 그의 말로 다시 확인했다. 나 자신과 상대방에게 완벽할 것을 요구하고, 현재를 있는 그대로 받아들이는 것이 아니라 심각하고 파국적으로 인식하는 것이다. 또한 좌절을 못 견디고 자기와 타

인을 지나치게 높은 잣대로 평가한다. 그가 콕 집어 준 대로 나는 비합리적인 신념의 대가였다. 그래, 약속을 어긴 건 약속을 어긴 것일 뿐 나를 부정한 것이 아니다. 읽씹은… 이건 좀 더 임상이 필요하다.

이때 비합리적 신념을 변화시키는 데 무엇보다 중요한 것이 D, 논박이다. 즉 논박은 사건과 문제를 해석하는 관점과 생각, 인지를 바꾸는 데 필요한 과정인 것이다. 비합리적 신념을 가진 사람들은 흑백 논리와 당위적 사고를 많이 한다고 한다. "해야 해", "절대", "항상" 등의 극단적인 생각을 한다는 것이다. 엘리스는 이러한 신념을 'Want(소망, 바람)'로 바꿀 것을 제안한다. 그렇게 하면 인간의 한계성을 인정할 수 있으니 말이다.

참고로 다음은 엘리스가 제시한 대표적인 비합리적 믿음이다.

1. 나는 내가 아는 모든 사람에게 사랑과 인정을 받아야 한다.
2. 나는 유능하고 적절해야 하며 가치 있을 만한 모든 측면에서 성취를 이루어 내야 한다.
3. 어떤 사람들은 사악하다. 이들은 자신들이 해 놓은 일에 대해 심한 비난과 처벌을 받아야만 한다.
4. 내가 원하는 방식대로 일이 진행되지 않는다는 것은 끔찍한 일이다.

5. 모든 일이 내가 원하는 방향으로 진행되어야 한다.

6. 살면서 어려움에 부딪히거나 책임을 져야 할 때는 직면하는 것보다 피해 가는 것이 더 낫다.

7. 나는 내가 통제할 수 없는 위험한 상황에 대해 걱정하지 않으면 안 된다.

8. 나보다 강한 사람이 있다면 그 사람에게 의지해야만 한다.

9. 과거의 경험과 사건은 현재 내 행동을 결정하며, 과거의 영향은 절대 사라지지 않는다.

10. 나는 다른 사람들의 문제에 대해 걱정해야만 한다.

11. 나는 내 문제들에 대해 올바른 해법을 찾아야만 한다.

## 나를 힘들게 하는 건 나의 감정이다

사람은 보통 어떤 사건이 발생하면 사건 때문에 자신이 힘들다고 느낀다. 물론 사건이 있었으니 힘든 건 당연하다. 그런데 사건 이후의 감정에는 자신의 비합리적인 생각이 더 직접적인 영향을 미치곤 한다.

고시 공부를 할 때 시험이 인생의 전부이며 불합격하면 할 일이 없어 인생이 끝장 난다고 생각하던 고시생이 주변에 많았다. 특히 그때 만난 남자 친구는 늘 공부가 답이라고 믿었다. 딴 곳으로 진로를 결정할까 고민하던 나에게 공부밖에 살 길이 없다는 것을 강조했다.

그런 신념을 가진 사람이 시험에 떨어지는 순간 자신의 인생이 끝났다고 생각한다. 심지어 진짜로 인생을 끝내 버리거나, 다른 일을 할 수 있다는 생각은 감히 하지 못한 채 끝까지 시험에 대한 미련과 생각을 버리지 못하게 된다. 그런데 나는 공부를 버리니 세상에 정말 할 게 많다는 걸, 진즉에 버렸어야 한다는 것을 지금까지도 뼈저리게 느끼고 있다. 이토록 재미있는 세상이 있다는 것을 알지 못한 채 살았다면 얼마나 억울했을까.

## 판단을 조금만 미룰 것

인지 치료는 비관적이거나 부정적인 생각을 버리고, 낙관적이거나 좋은 게 좋다는 식으로 생각하라고 강요하지 않는다. 현실적으로 생각하라고 조언한다. 너무 부정적이거나 극단적으로 미리 남의 마음을 추측하지 말라는 것이다. 마음속 불안이나 우울 등의 불편한 감정은 아직 일어나지도 않은 일에 대해서 비관적으로 생각할 때 일어날 확률이 높다. 열등감 등의 감정도 나의 앞선 판단과 생각이 영향을 미칠 때가 많다.

약속을 어기고서 다시 약속을 잡지 않는 상대가 있다면 지금은 그럴 만한 사정이 아닌가 보다, 지금은 너무 피곤한 상태인가 보다 하고 우선 짐작만 해도 된다. 나중에 그 사정이 어떠했는지 사실 확인을 해 보면 될 것이다. 내가 몰랐던 집안의 우환이나 실패와 낙담 등의 중요한 사정이 그에게 있었을지도 모를 일이니. 시험에 떨어졌을 때도 시험에 불합격한 것이지, 인생 전체가 오류라는 뜻은 아니다. 시험을 다시 볼 수도, 다른 길을 선택할 수도 있다고 자신의 신념 체계를 바꾸어야 한다.

물론 생각과 정서를 바꾸는 것이 힘들 때도 있다. 그럴 때는 행동을 바꾸어 주는 것도 방법이다. 무언가 우울한 기분이 들 때면 무조건 움직인다고 하는 가수 아이유의 인터뷰 기사를 본 적이 있다. 좋은 방법이다. 행동을 바꾸면 환경이 달라지고, 기분과 정서에도 영향을 미칠 수 있으니 말이다. 물론 행동할 힘이 남아 있을 때의 이야기이다.

사람들과 충돌을 자주 빚는 사람을 자세히 관찰하면 누군가의 행동과 말 하나에 '자신의' 생각을 대입한다. 한마디로 오해가 많다. 말 한마디에 담긴 이면의 진실이 무엇인지 자기 식으로 해석한다. 저 말을 하는 이유는 이렇기 때문이며 저 행동을 하는 이유는 저렇기 때문이라고 짐작한다. 그러면서 왜 그런 말과 행동을 했는지 직접적으로 물어볼 용기는 없다. 혼자서 갖은 상상과 추측을 하면서 듣지도 보지도 못한 상대의 진심에 대한 결론을 내 버린다.

사실 대부분의 사건에서는 사건과 상대의 의도 때문에 감정이 상하는 게 아니다. 나의 소망이 깨진 것에 실망하고 분노하는 등 여러 감정에 휩싸이는 것이다. 심지어 상대가 나의 소망을 이루어 주어야 할 의무가 없을 때조차도.

우리는 타인의 모르는 심정 속에서 상처받고서 아파하는 순간조차 이를 홀로 견디기가 힘들어 타인을 끌어들여 함께해야만 한다. 홀로 무너지는 것이 힘들어 타인을 붙들고 있기라도 하듯이. 기어이 나와 너를 더 상처 내면서도.

# 바닷물 같은 관심은
# 마실수록
# 목이 마르다

## 참자기와 거짓자기

인간 관계라는 것이 있기도 하고 없기도 한 곳, SNS. 그곳은 이상하게 아무리 무언가가 채워져 있어도 백지 같다. '인스타그램 친구'나 '페이스북 친구'는 친구이긴 친구인데 친구가 아니다. 그들을 잘 알고 있다고 생각하지만 사실 잘 모른다. '좋아요'는 정말 좋은 것인지 기계적인 것인지, 관심이 있는 듯하기도 하고 없는 듯하기도 한다. 언제 누가 나를 떠나도 무엇 하나 이상할 것이 없는 곳. 내가 눌렀던 좋아요, 누군가가 눌렀던 좋아요, 서로에게 달았던 댓글이 허망하게 물거품으로 사라져 버릴 수 있는 곳. 어느 날은 친구가, 어느 날은 오랜 시간 왕래했던 작가가 갑자기 친구를 끊고 떠나 버린 곳. 나의 진심이 어딘가에 파묻혀 버린 곳.

나는 한동안 그 시끄러운 백지를 한참이나 바라보았다. 친구라 불리는 많은 사람이 그곳에서 소란하게 자신의 자아를 드러내고 있었지만 반대로 너무나 황폐해 보였다. 그곳에서 나 또한 관심이라 믿었던 것 혹은 관계라 믿었던 것은 과연 무엇이었을까. 하루아침에 말 한마디도 없이 사라질 수 있는 친구란 무엇이란 말인가. 함께 웃고 울던 사람들이 떠나간 풍경 속에서 나 홀로 남아 있어야 했을 때 왜 나를 떠났느냐고 감히 묻지도 못했다.

시끄럽지만 침묵뿐인 곳에서 친구를 맺는 것의 의미를 어떻게 정의하면 좋을까. 친구도, 지인도 아니니 어떠한 적절한 말로 대체해야 할 텐데, 나는 그들의 실체를 알지 못하니 정의할 말도 떠오르지 않는다.

### 증명하지 않아도 되는 모습을 보여 주는 곳

SNS에 멋진 글과 사진을 올리는 사람은 실제로 만났을 때도 그렇게 멋질까. 보정하지 않고는 사진도, 영상도 올릴 수 없는 곳에서 얼마나 많은 사람이 거짓된 자아로 살아가고 있을지. 또한 익명성이라는 가면 뒤에 숨어서 아무 말 대잔치나 타인을 향한 폭언과 비방을 일삼는다. 위험천만한 행동으로 다른 이의 관심을 끄는 것은 현대인의 슬픈 자화상을 그대로 보여 주고 있는 것이 아닌지.

SNS에는 보통 프로필로 자신을 먼저 소개한다. SNS에서 알게 된 사람을 어떤 모임에서 실제로 만난 적이 있다. 그런데 프로필은 대부분이 거짓이었고, 알면 알수록 자기가 가졌다고 하던 대부분의 요소를 갖지 못했다는 것을 알게 되었다. 없는 연인까지도 있는 것처럼 꾸몄다. 없는 것을 굳이 있다고 말하지 않아도 좋으련만. 왜 없는 것으로 다른 이들의 관심을 끌기 위해 애쓰고, 때로는 자신이 만든 거짓 안에 갇혀서 자신도 거짓을 믿는 지경에까지 이르는 걸까.

좋은 것을 많이 가졌다고 주장하며 자랑하던 사람이 또 있었다. 그는 열등감이 상당히 심해서 그것을 물질로 덮으려고 애쓰던 사람이었다. 금목걸이와 금팔찌를 비롯해서 명품 가방과 명품 옷으로 치장하고, 고급 외제 차 앞에서 찍은 사진을 종종 SNS에 올리곤 했다. 그리고 자신의 재산과 자신이 사는 집을 과시했다. 그런데 집과 고급 외제 차 모두 빚이었다. 어떤 날은 자신의 차가 아닌 차 앞에서 사진을 찍어 올리기도 했다. 자기의 것이 거의 없었다. 그가 가졌다던 것들은 오로지 관심을 받기 위한 수단이었다.

그들이 쓰는 자기 중에 진짜 자기가 하나라도 있을까? 우리 사회는 어느새 이런 사람들을 '관종'이라는 말로 조롱하기 시작했다. 어느 세대에선 관종 짓을 하는 것이 유행처럼 번지기도 했다. '관심병'을 앓고 있는 사람들에게 SNS는 좋은 놀이 장소가 된다. 상대적으로 남들의 눈치를 덜 보면서도 자신의 관심병을 마음껏 발산할 수 있는 곳이다. 관종인 사람은 주변의 말에 무척 민감하게 반응하기 때문에 다른 사람 눈에 비친 나의 모습에 과도하게 열중한다.

## 세상은 오프라인에 있다

관심병이 심한 사람은 '연극성 인격 장애'를 의심해 봄직하다. 연극성 인격 장애란, 관심을 받고 싶은 마음을 지나친 극적 행동으로 표현하는 것이다. 대체로 다른 사람의 인정을 발판 삼아 자존감과 자신감을 가지고, 지속적으로 관심받기를 원한다. 이 때문에 때로 극적이며 과장된 행동을 하고 마치 자신이 어떤 지위를 계속 유지하고 있는 것처럼 행동한다.

이는 곧 행위 중독으로 이어진다. 누군가의 삶을 들여다보며 시기 질투를 하면서도 SNS 앱을 지울 수도 없고, 그렇다고 해서 SNS를 하는 행위를 끊을 수도 없는 행위 중독에 빠지는 것이다. 이런 사람들은 사실 한둘이 아니다. 굳이 관종이거나 연극성 인격 장애를 앓지 않더라도 행위 중독으로 금단 증상에 빠지는 사람은 허다하다. 유명 인플루언서나 연예인들의 삶을 지속적으로 엿보면서 열등감을 느끼고, 찾지 않으면 그만인 것을 굳이 찾아가 악플을 다는 사람들. 이는 이미 옳은 가치관 없이 행위 자체에 중독된 상태이다.

거짓된 자신을 드러내는 행위, 거짓된 나를 만들어 포장하는 행위, 나의 특정한 면만을 부각하는 행위, 팔로워와 좋아요에 집착하는 행위. 모두가 허위의 나와 잘못된 가치관에 휘둘리는 나를 대변한다.

요즘은 작가들도 팔로워 수와 댓글 수 등을 관리해야 한다. 그래야 출판사에서 책 판매에 어느 정도 영향을 미칠 수 있다고 판단하기 때문이다. 한동안 인스타그램에 열중하면서 이는 도박이나 알코올보다 중독이 더 심해질 수 있겠다는 것을 실감했다. 무엇을 사거나, 어디로 가거나 하는 수고 없이 언제 어느 때든 스마트폰 하나면 충분하니까.

이전에 우리가 물리적인 시공간에서 하나의 섬과 섬이 되었다면 이제는 인터넷 공간에서 섬과 섬이 되었다. 자아가 과잉 생산되는 곳에서 슬기로워지려면 이 공간을 추억을 저장하는 앨범 정도로 여겨야만 한다. 여기에서의 관심은 진짜 나에 대한 관심이 아닐 수도 있다는 것도 염두에 두어야 한다. 무엇보다

세상이 아무리 변해도 오프라인에서의 긴밀한 관계와 추억 속
에 더 오래 머물러야 할 것이다.

# 나의
# 경계밖으로
# 한 발
# 나아가는 용기

· 성장에 대하여 ·

# 성공은
# 논하는 게 아니라
# 욕망하는 것이다

욕구

가끔 삶을 위해 던져야 할 질문이 있고 던지지 말아야 할 질문이 있다. 나는 성공이 무엇이냐고 묻는 것이 가장 불필요하고 어리석은 질문이라 생각한다. 글쎄, "성공이 무엇인지 알려 주면 그걸 할 자신은 있고?"라고 되묻고 싶다. 이는 삶을 위해서도 던지지 말아야 할 질문이다.

성공을 하나로 정의해서 모든 사람을 개념의 틀 안에 가두어 두는 사회 시스템에 우리는 이미 지칠 대로 지치고 붕괴될 대로 붕괴되지 않았나. 그런데 아직도 성공이 무엇인지, 다른 이는 어떻게 성공했는지 등의 성공 신화에 대해 논하고 싶은지.

성공은 논하는 것이 아니라 욕망하는 것이다. 욕망은 자연스러운 것이기에 남의 눈치를 보지 않고 자신의 성공을 하면 된다. 다수의 의견을 물어 다수결 원칙으로 성공을 정의할 것도 아니지 않은가. 자신만의 성공 개념이 있다면 굳이 남에게 묻지 않아도 될 것이다.

그럼에도 굳이 물어본다면 성공이라는 단어를 삭제하는 삶이 성공이라고 감히 말하고 싶다. 그것이 조금이나마 더 행복해지는 길이라고. 아무리 정신적인 가치를 들먹이며 미화해 본들 성공이라는 단어 자체를 두둔하는 것밖에 되지 않을 것이다. 혹은 성공이라는 틀 안에 자신이 갇히거나.

우리는 내가 살아 보지 못한 삶과 내가 살고 있는 삶을 제외한 모든 삶에 성공이 있지 않을까 하고 상상하곤 한다. 가지 않은 길을 가서 지금과 다르게 살았더라면 등의 갖가지 가정과 후회로 유일무이한 개인의 인생에 자꾸만 정답과 오답을 가리려고 한다. 내 삶이 답답하여 실체가 없는 것을 잡으려고 할수록 남의 가치에 기대고 싶어지기도 한다.

성공을 열망한 지인이 있었다. 그녀에게 성공의 의미가 무엇이었는지 잘 모르겠다. 어쩌면 한 번이라도 자신감을 가지게 해주는 커다란 성취가 성공이었을 수 있다. 아니면 누가 자신을 성공했다고 인정해 주는 것이 성공이라고 생각했을지도 모른다. 물어보지 않았으므로 알 도리는 없지만 성공하고 싶다는 열망 자체를 이해했다. 성공을 논하며 지적 우월감에 빠지는 것보다 스스로 성공하고 싶다는 욕망과 열망을 존중한다.

그렇게 온 마음을 다해 그녀가 원하는 성공을 이루기를 응원했다. 그런데 그녀는 돌연 일을 그만두었다. 옆에 그녀를 돕는 사람도, 돕겠다는 사람도 많았다. 그녀도 열심히 일했고 충분히 능력도 있어 보였다. 그런데 웬일인지 모든 것이 완벽히 준비된 것 같은 상황에서 그녀는 주저주저했다. 일을 제대로 진척시키지 않은 채 꾸물거렸다. 가족을 비롯한 주변 사람들은 그녀를 보며 답답해했다.

## 인생의 한 장면을 전체 이야기로 착각하지 말 것

어떤 사람의 내면에는 성공에 대한 강한 욕구에 대비되는 강한 두려움이 동시에 있을 수 있다. 성공 앞에서 꾸물거리는 이유는 실은 자신을 보호하려는 욕구의 발로이다. 성공을 원하지만 동시에 성공한 후의 심리적 과제를 견딜 수 있을까에 대한 두려움, 이전과 다르게 허점을 보이지 않아야 한다는 부담감, 자신을 입증해야 하는 데서 오는 불안감, 자신의 능력에 대한 불신, 다른 이에 대한 미안함과 죄책감 등의 다양한 감정이 뒤엉켜 있는 경우가 많다. 결국 성공에 대한 소망과 성공 이후의 또 다른 실패에 대한 두려움이 공존하는 상태에 빠진다.

캐나다 칼턴 대학교의 팀 파이킬 심리학과 교수는 이러한 심리를 가리켜 책임을 잠시 미루는 강력한 정서적 대처 메커니즘이라고 말했다. 점점 높아지는 사람들의 기대와 능력치, 이목의 집중, 책임감으로부터 도피하는 것이다.

그토록 원하던 성공을 이룬 후 우울증에 빠지기도 한다. 자리가 주는 과중한 부담을 견디기 힘들어지고 스스로를 믿지 못하기 때문이다. 무엇보다 막상 성공을 해도 그리 기쁘지 않은 것은 성공이라고 믿었던 것에 실상 그리 대단한 것이 없기 때문일 수도 있다. 성공이 시작점이 아닌 종착역이라고 생각할수록 허무해질 수밖에 없다.

'책을 쓰면 성공한다'는 문구를 내건 책 쓰기 아카데미 광고를 보면 피식 웃음도 나고 쓸쓸하다. 그들이 말하는 성공이 책 출간을 의미한다면 작가 입문 자체가 성공일 수도 있다. 하지만 그들의 성공이 결코 책 출간만을 말하지는 않을 것이다. 책을 써서 작가라는 타이틀만 달면 강연이나 방송 출연, 기타 등등 부수익이 커서 금세 부자가 될 수 있다고 현혹하는 곳도 있다. 만약 그러한 광고를 믿고 책을 낸 사람들은 얼마나 실망감과 배신감이 클까.

성공이라는 말은 이처럼 여러 곳에서 왜곡되어 사용되고 있으며, 급기야 집착의 대상이 되었다. 우리는 특정한 목표를 이루는 것과 성공하는 것을 동일시하는 오류에 자주 빠진다. 대학 입시라는 목표, 좋은 직업, 결혼, 주어진 과업의 완수 등을 성공과 동일시한다. 목표와 성공을 동일시하면서 목표의 달성 여부를 인생 전체의 성공으로 연결 짓는다. 그렇기 때문에 하나의 목표를 달성하는 데 실패했을 뿐인데도 인생 전체를 버리는 비극까지 일어나는 것이다.

무엇이 성공이라고 정해 놓는 순간 성공은 부담이 된다. 성공이라는 단어 자체가 거창하고 추상적이며 모호한 것이기에. 그저 앞으로 조금씩 나아질 거라는 희망과 기대감을 가지고 걷다 보면 나의 세계가 확장될 날도 있겠지. 모르긴 몰라도 자신의 인생이 성공한 삶이라고 느끼는 것은 죽는 날까지 불가능할지도 모른다. 그만큼 인간은 완벽하지 못하므로.

# 타인 중심이 아니라
## 자기중심으로
## 살아가기

**내재적·외재적 동기**

어떻게 그렇게 글을 쉼 없이 쓸 수 있느냐고 누군가가 물었다. 그러면 나는 대답한다. 하고 싶은 말을 차마 내뱉지 못한 시간의 길이만큼 간절했던 목소리에 말할 기회를 다시 돌려 주는 중이라고. 제대로 설명할 수는 없지만 절박하게 사는 것만큼이나 절박하게 써야만 하는 마음이 있다고 말이다. 글을 써 본 사람은 알 것이다. 글을 쓰는 행위가 얼마나 삶을 통째로 뒤바꾸는 구원인지를. 그 한 번의 구원이 어디까지 나를 밀고 나가는지도.

얼마 전 어느 교수님이 앞으로도 작가 생활을 계속할 건지 물었다. 그 질문은 앞으로도 계속 먹을 건지, 운동을 할 것인지, 숨을 쉴 건지, 계속 살 건지를 묻는 것과 같다. 글을 쓰는 것은 내가 가장 다정한 방식으로 세상과 소통하는 일이자 살아가는 방법이기에.

사실 글쓰는 일로는 돈을 많이 벌지 못한다. 물론 인세로 어마어마한 돈을 벌었다는 몇몇 작가들의 소식을 접할 때면 자괴감이 들기도 한다. 하지만 그건 흔치 않은 일이니 잠시 잠깐의 스치는 마음으로 놓아 버릴 수 있다. 보통 작가들은 인세로 책값의 10퍼센트 정도의 돈을 받으니, 작가로서만 사는 삶이 얼마나 가난한지 짐작할 것이다.

그나마 노래는 노래방에서 누군가 그 곡을 부르기만 해도 저작권자에게 저작권료가 지급된다. 하지만 책은 누군가가 도서관에서 그 책을 빌려 읽어도 아무도 저작료을 주지 않는다. 서점에서 책을 구입하지 않고 그냥 다 읽어 버리는 사람도 수두룩하다. 내 주변 사람 중에는 나에게 그냥 책을 달라는 사람도 있다. 커피 한 잔을 만들어 팔아도 공짜로 커피를 달라는 사람이 없을 텐데, 책에 대해서는 이상하게도 공공재로 생각하는 사람들이 많다.

이렇듯 보호받지도, 보장받지도 못하는 것이 책의 값어치이자 책에 대한 저작권이다. 작가의 고뇌에 더해진 어깨, 고관절, 팔

다리의 고통과 더불어 책 한 권을 만들기 위해 여러 사람의 노력과 손길이 들어간 것을 생각하면 안타깝기 그지없다.

합리적이고 효율적인 관점에서 따져 보았을 때 책을 만드는 행위는 들인 노동에 비해 효용이 떨어지므로 기피해야 하는 일이다. 그런데도 수많은 작가가 글을 쓰고, 편집자가 책을 만들고, 마케터가 어떻게든 그 책을 팔기 위해 애를 쓴다. 각자의 일이 자신에게 그만한 가치가 있기 때문일 것이다. 세상을 변혁하거나 개혁할 수는 없어도 사람들이 세상을 탐험하게 하는 정도는 되기 때문이 아닐까.

누가 시켜서 하는 일이었다면 출판업에 종사하는 누구도 이 일을 하지 못할 것이다. 돈만이 가치의 기준점이라면 남는 것 하나 없는 장사이니까. 글을 쓰는 일과 글을 책으로 만들어 내는 일은 나에게 구원이면서 지난 나를 만나는 애틋함이며 앞으로 만날 사람들에 대한 연결이다. 또한 나 자신이자 당신이며, 내면이자 외면이고, 자아이며 세계이다. 불안하지 않게 떠돌기 위함이며 떠돌지 않고 정착하기 위함이다.

### 스스로 하고자 하는 마음이 중요한 이유

사람이 어떤 일을 할 때는 동기가 중요하다. 노력의 동기가 부자가 되기 위해서라면 절대 작가가 되어서는 안 된다. 동기가 사회적 명성과 명예라면 그래도 작가는 그럭저럭 괜찮은 직업이다.

인간이 가진 동기에는 내재적 동기와 외재적 동기가 있다. 내재적 동기는 자율성을 바탕으로 내적 호기심, 욕구, 흥미에 의해 행동하는 것이다. 이는 행동 자체에서 즐거움과 성취감을 느낀다. 이에 반해 외재적 동기는 외부의 힘과 보상, 자극에 의해 행동하는 것이다. 이는 내재적 동기를 감소시키고 낮은 자기 인식의 원인이 되기도 한다.

미국의 심리학자 레퍼는 다음과 같은 실험을 했다. 유치원 아이들을 세 개의 집단으로 나눈 후 그림을 그리게 했다. 그림을 그리게 한 후 첫 번째 집단의 아이들에게는 보상을 주겠다고 약속하고 실제로 보상을 주었다. 두 번째 집단의 아이들에게는 예고 없이 갑자기 보상을 주었다. 그리고 세 번째 집단의 아이들에게는 아무런 보상도 주지 않았다.

2주 후 아이들에게 자유 시간을 주며 원하는 시간에 언제든지 그림을 그리게 했다. 그 결과 첫 번째 집단에서는 9퍼센트, 두 번째 집단에서는 17퍼센트, 세 번째 집단에서는 18퍼센트의 아이들이 그림을 그렸다.

실험 결과는 보상이라는 외재적 동기를 얻은 아이들의 내재적 동기가 떨어진다는 것을 보여 준다. 특히 내재적 동기가 있는 상태에서 보상을 받으면 급격히 내재적 동기가 떨어진다. 이를 '과잉 정당화 효과'라고 하는데, 행동의 원인을 보상으로 정당화하는 과정이 지나쳤다는 말이다.

한마디로 내재적 동기를 가지고 어떤 행동을 했더라도 거기에 자꾸만 외재적 보상이 주어지면, 나중에는 자신이 내재적 동기로 행동하는 것이 아니라 보상 때문에 행동하는 것이라 믿는다. 그래서 처음의 내재적 동기 자체가 사라지는 것이다. 다시 말해 보상이 없으면 자신의 행동이 스스로 원해서라고 믿지만, 자꾸 누가 보상을 주면 자신의 행동이 보상 때문이라고 믿게 된다. 그러므로 반복된 보상과 외부에서 주입된 메시지는 아이들의 흥미를 떨어뜨리고 하고 싶은 마음도 사라지게 만든다.

이처럼 내재적 동기와 외재적 동기는 서로 상충하는 특성을 보인다. 많은 심리 실험과 사례가 이를 증명하고 있다. 그러니 내가 하는 공부에 혹은 일에 내가 있는지부터 점검해야 할 때이다. 많은 사람이 자신의 동기를 제대로 보려 하지 않는다. 누군가에 의해 동기가 주입된 채 자신의 것이 아닌 것을 자신의 것이라 믿으며 산다.

### 결국 내가 하고 싶은 걸 하고 싶은 대로 해야 한다

다른 사람에 의해 동기가 주입된 사람은 어느 순간이 되면 '이게 아닌데, 이건 내 것이 아니었는데' 하는 생각이 들곤 한다. 그 때 모든 것을 뒤엎을지, 순응하며 살지 결정해야 하는 기로에 선다. 순응하며 살기로 한 사람은 때로 그것이 억울하여 부모나 주변 사람을 못살게 구는 경우도 허다하다.

누가 보아도 성공한 삶을 사는 사람이 있었다. 공부를 잘해서 엘리트 코스를 밟았고 누가 보아도 선망하는 직업을 가진 그는 사회적으로 성공한 사람에 속했다. 하지만 그는 주체적으로 자신의 삶을 살아 본 적이 없었다. 지금 가진 직업도 자신이 원한 것이 아니었다. 철저하게 부모의 뜻에 따라 꿈이 정해졌고, 부모가 정해준 대로 공부하다가, 부모가 원하는 직업을 가졌을 뿐이다. 그래서 그는 자신이 선택할 수도 있었던 삶을 끊임없이 꿈꾸며 아쉬워한 끝에 결국 부모와 인연을 끊은 채 살아간다. 지금껏 걸어 온 길과 누려 온 것들을 감히 버릴 수 없으니 대신 부모를 버린 것이다.

대한민국 대부분의 학생들이 이러한 삶을 살고 있다고 해도 과언이 아니지 않나. 외부의 힘과 외부에서 주입된 동기로 어떤 일을 해 온 사람들은 결국엔 남을 탓하고 싶어진다. 심지어 누가 보아도 성공한 삶을 살고 있어도 그렇다. 누리지 못한 어린 시절과 가지 못한 길에 대해 억울해한다.

모두 갖춘 것 같은데도 이상하게 불행한 사람이 있다. 반대로 별로 갖춘 게 없는 것 같은데 신기할 정도로 행복한 사람이 있다. 그건 내가 나를 가졌는지, 가지지 못했는지에서 비롯된 차이는 아닐까. 내가 없는 나의 삶을 감히 나의 것이라 주장하며 살 수는 없다. 내 것이 아닌 삶에서 도저히 행복할 수도 없다.

# 무슨 일이든
# 다 때가 있다고
# 훈수를 두는 사람들에게

**인지적 비축**

무언가의 한가운데에 들어가 있을 때는 가운데에 있다는 위압감에 짓눌려 속히 중간을 가로지르고 싶어진다. 또한 주변에서 소중하다고 하는 것일수록 반작용의 마음으로 소중한 것을 내팽개치고 싶어지기도 한다. 돌이켜 보면 청춘의 때가 바로 그런 순간이었다. 갑자기 주어진 자유가 거추장스러웠고 나의 힘으로는 어찌할 도리가 없는 세상이 근심스러웠다. 아이도 아니고 어른도 아닌 상태에서 방황했고, 연애 감정에 아파하기도 벅차 공부 따위는 더 이상 하고 싶지 않았다. 그렇다고 공부를 등한시하기에는 조막만 한 가슴을 갖고 있었던 탓에 한 다리는 학교에 나머지 다리는 미지의 세계 어딘가에 두었다.

대학 때 했던 공부를 생각하면 그건 공부도, 무엇도 아니었다. 그 자체가 목적이자 목표인 적도 없었다. 그저 어디에 내세우기 부끄럽지 않은 학점을 위한 수단에 불과했다. 대학을 졸업한 후 고시 공부를 할 때도 공부는 나에게 무언가를 이루기 위해 지나쳐야 할 통로였을 뿐이다. 무언가의 뒤에 있는 것들은 항상 그렇게 서럽다. 뒤에 있어서 보이지도 않고 흥미도 생기지 않는 것이다.

학교를 졸업해서 가장 좋았던 것은 이제 누군가의 평가에 근거하여 공부를 하지 않아도 된다는 사실이었다. 나는 지금 청춘의 때와는 다른 마음과 자세로 공부한다. 그렇다고 평가가 배제된 공부인 것도 아니다. 여전히 시험을 치러야 하고, 여전히 사람들 앞에서 발표를 해야 하고, 여전히 떨리는 마음으로 평가를 받는다. 그럼에도 공부가 지금처럼 재미있었던 적이 없다. 왜 이 재미있는 심리학을 진즉에 공부하지 않았을까 하는 생각도 든다.

하지만 아마 20대에 심리학을 전공했더라면 이렇게까지 재미있지 않았을 것이다. 청춘의 때에 공부가 재미있다는 것은 청춘을 충분히 누리지 못하고 있다는 증거와도 같으니까. 다른 데 한눈을 팔아야 청춘이 청춘일 수 있다. 청춘에는 공부가 가장 쉬웠다고 말할 수는 있어도 공부가 가장 재미있었다고 말하면 안 되는 것이다.

## 치매도 막지 못한 그녀들의 학구열

어른들은 흔히 공부에 다 때가 있는 거라며 어린 사람들에게 지금 하지 않으면 안 될 공부의 중요성을 강조하곤 한다. 그러한 말을 하는 어른들은 실제로 어른이 된 이후에는 공부를 하지 않는 사람일 가능성이 높다.

어른이 되어서도 공부하는 어른들은 공부의 때가 따로 있다고 생각하지 않는다. 자신이 진정 원하는 공부를 할 때 언제든 그때가 공부의 때라고 말할 것이다. 자신의 의지로 주체가 되어 공부한 것을 사회에 환원하기 위해 하는 공부야말로 따뜻한 지성이다.

이러한 따뜻한 지성을 보여 주는 수녀들이 있었다. 미국 맨카토의 수녀들은 평생을 공부하면서 부지런히 뇌를 사용했다. 이들은 수녀원 생활을 하면서 틈틈이 퀴즈를 풀고 일기를 쓰며 토론을 했다. 이들의 상당수는 90세 이상이었고, 97세까지 교단에 선 수녀도 있었다. 맨카토 수녀들은 사후에 자신의 뇌를 켄터키대학교의 데이비드 스노든 교수의 연구팀에 기증하기로 했고, 연구팀은 맨카토 수녀 100여 명의 뇌를 기증받아 연구했다. 그

중 85세에 심장 마비로 사망한 베르나데트 수녀의 뇌를 연구해 보니 뇌의 상태로는 알츠하이머병 등급 중 가장 심각한 6단계였다는 사실이 밝혀졌다. 그런데 살아 있는 동안 일상생활을 영위하는 데 전혀 지장이 없었다. 암기 능력을 비롯한 지적 능력도 여타의 다른 수녀들에 비해 뛰어났다. 심지어 81세에서 84세 사이에 치른 인지 시험에서 모두 최우수 성적을 거두기도 했다.

영국의 한 체스 선수 또한 두뇌에서는 심각한 알츠하이머병이 진행되고 있었다. 하지만 그는 죽을 때까지 체스를 두는 데 아무런 영향을 받지 않았다. 굳이 달라진 것이 있다면 그전에는 여섯 수를 내다보았지만 죽기 전에는 네 수 정도를 내다보았다는 것 정도이다.

이러한 현상은 '인지적 비축'이라는 용어로 설명된다. 지적인 활동을 계속해서 하면 두뇌가 그동안 힘을 비축했다가 필요할 때 능력을 끄집어낼 수 있는 강한 뇌의 연결망을 구축한다. 즉 알츠하이머병 같은 기억력이 감퇴하는 병에 걸려도 그동안 저축해 놓은 인지적 능력이 뇌에 보호막을 형성하는 것이다. 단 화투를 치면서 머리를 굴리는 정도가 아니라 대학에서 공부하는 수준은 되어야 인지적 비축분으로 기능한다고 한다. 치매에 걸리지 않으려면 무엇보다 책을 가까이하면서 학구열을 불태워야 한다.

흔히 중년 이후에는 점점 머리가 나빠진다고 생각한다. 그런데 실은 많은 전문가들이 중년의 뇌가 가장 똑똑한 뇌라고 칭한다. 또한 인지와 감정이 균형을 이루어 안정적이다. 미국 펜실베이니아 주립 대학교의 심리학자인 셰리 윌리스와 그의 남편 워너 샤이가 '시애틀 종단 연구'에서 이러한 사실을 입증했다.

그들은 1956년부터 40년이 넘는 기간 동안 무려 6,000명이 넘는 사람들을 대상으로 연구했는데, 연구 중에는 다양한 연령대를 대상으로 한 복잡한 인지 능력 검사도 있었다. 그런데 이 검사에서 40~60대 중년 연령대의 성적이 가장 높게 나왔다. 여섯 범주 중 어휘, 언어, 공간 지각, 귀납 추리의 네 가지 범주에서는 청년들을 능가했다. 뇌가 최고 수행력에 도달하는 시기는 성별에 따라 달랐다. 남성은 50대 후반에 정점을 찍었고, 여성은 60대 들어서까지 계속 상승했다. 남성은 공간 검사에서, 여성은 언어 기억과 어휘에서 점수가 높았다.

미국 일리노이 대학교의 심리학자이자 신경과학자인 아트 크레이머는 항공 교통관제사처럼 빠른 의사 결정을 요구하는 일에서 청년과 중년 두 집단의 뇌를 비교했다. 처리 속도는 젊은 관제사들이 빨랐고, 컴퓨터 스크린을 보고 3차원 모습을 상상하는 능력이나 모호한 정보를 처리하는 능력은 둘 다 같았다. 관제사의 핵심 능력 중 하나인 다른 비행기와 충돌을 피하는 능력은 중년 관제사가 젊은 관제사보다 뛰어났다. 이를 통해 청년층까지는 지식을 습득하는 능력과 반응 속도가, 성인기 이후로는 지식을 활용하고 문제를 해결하는 능력이 발달한다는 결론을 내릴 수 있다.

공부의 때는 나이로 결정되는 것이 아니다. 공부가 재미있어지고 공부의 가치를 알 때를 공부의 때라고 정의하는 것이 더 맞지 않을까.

누군가 나이 들어 공부하려고 하면 그 나이에 무슨 공부를 하겠다고 그러느냐고 뜯어말리는 사람과 비웃는 사람이 있다. 그럴 때야말로 죽을 때까지 벽에 무언가를 칠해 더럽히지 않는, 우아하고 기품 있는 사람으로 살다 가는 일의 존엄함을 알려 줄 절호의 기회이다.

# 모든 것은
# 마음에서부터
# 시작된다

**자기 충족적 예언**

아주 어릴 적에 어느 드라마에서 들었던 대사에 충격을 받은 적이 있다. 제목도 모르고 어떤 스토리인지도 전혀 생각나지 않는데, 대사와 대사를 읊은 배우만 분명하게 기억이 난다. 드라마에 나온 할아버지는 자신의 아들인지, 손자인지 모를 등장인물에게 항상 "얼어 죽을 놈"이라고 말한다. 어떻게 자신의 피붙이에게 저런 저주의 말을 퍼부을 수 있을까 의아하기도 하고, 괜스레 내가 그 말을 들은 것만 같아 찝찝하기도 했다. 그 외에 "썩을 놈, 난장 맞을 놈" 등의 대사가 자주 들려왔다. 당시의 드라마 속 대사는 한마디로 폭압인 것이 많았다. 등장인물들의 인격과 존재가 온데간데없을 정도의.

계속해서 악담을 들은 아이는 진짜 얼어 죽지는 않을지라도 최소한의 긍정적 자아상이라고는 눈곱만치도 없는 어른이 되지 않을까. 자신을 향한 악담이 틀렸다는 것을 증명하고야 말겠다는 불굴의 의지가 없는 한 그럴 것이다. 도대체 자신이 이 땅 어딘가에 자리를 차지해도 좋을, 살아 있어도 될 이유를 어떻게 찾을 수 있단 말인지.

## 간절히 원하면 이루어진다는 말의 의미

'말이 씨가 된다'는 속담이 있다. 이와 유사한 개념으로 '자기 충족적 예언'이라는 심리학 용어가 있다. 누군가의 기대와 예언을 들으면 그 영향을 받아 결국 기대와 예언을 스스로 성취하는 현상이다. 누가 그렇게 예언하지 않았더라도 일어날 수 있는 일이었을지도 모른다. 하지만 일단은 예언이 있었고 그 예언이 실현되었기에 자기 충족적이라고 부른다. 이는 그리스 신화에도 등장한다. 아들이 아버지를 죽일 거라는 무시무시한 예언을 막기 위해서 아버지가 아들을 버리지만, 오히려 그러한 노력이 예언을 이루어지게 하는 결과를 초래하고야 만다. 이것이 훗날 프로이트의 오이디푸스 콤플렉스에 영향을 미친 오이디푸스의 비극적 신화이다.

'피그말리온 효과'라는 것도 있다. 피그말리온은 아름다운 여인의 조각상을 만들어 갈라테이아라는 이름을 짓는다. 피그말리온은 갈라테이아를 진심으로 사랑했고, 아프로디테에게 조각상을 아내로 맞게 해 달라고 빌었다. 결국 아프로디테는 피그말리온의 사랑에 감동하여 조각상을 사람으로 만들어 그의 소원을 들어 주었다. 결국 피그말리온은 갈라테이아와 결혼할 수 있었다.

이처럼 피그말리온 효과는 긍정적인 기대와 말이 좋은 영향을 미친다는 것으로, 간절히 소망하면 이루어진다는 심리적 효과이다. 하버드 대학교의 심리학자 로버트 로젠탈은 실제 교육 현장에서 피그말리온 효과를 연구했다. 그래서 피그말리온 효과를 로젠탈 효과라고 부르기도 한다.

로젠탈은 학년 초에 담임 교사에게 무작위로 뽑은 20퍼센트 학생들의 명단을 주면서 "이 학생들은 지능 검사 결과 잠재력이 뛰어난 아이들"이라고 말했다. 실제의 지능 검사 결과는 그렇지 않았지만, 교사는 이 아이들이 지적 능력이나 학업에서 좋은 성과를 보일 것이라고 믿었다.

8개월 후 이 명단의 아이들을 대상으로 지능 검사를 했더니 처음과 비교해 24점이나 점수가 오르고 학교 성적도 크게 향상된 결과가 나왔다. 실제로 지능이 특별히 높지 않았던 학생들이었지만 교사의 기대와 격려가 아이들에게 긍정적인 영향을 미친 것이다.

물론 기대도 적당한 선이 있다. 기대치가 최대점이 되는 순간 오히려 부작용을 초래할 수 있다. 기대가 너무 크거나 그것이 상대의 능력치를 벗어난 경우라면 상대를 압박하고 부담감, 불안, 죄책감을 부추길 수 있다. 결국 기대에 도저히 부응할 수 없을 때는 자포자기하고야 만다. 그리고는 자신에게 너무 큰 기대를 거는 사람 곁을 떠날 것이다.

누군가는 피그말리온 효과를 들먹이며 칭찬은 아무리 해도 지나치지 않다고 말할 수도 있다. 앞서 칭찬에 대해 이야기하기도 했지만, 누군가의 뜻대로 계속해서 춤을 추다가는 번아웃을 면하지 못한다. 무엇보다 칭찬과 격려는 분명히 구분되는 개념이다. 그러므로 피그말리온 효과는 칭찬이 아닌 격려의 긍정적 효과로 설명하는 것이 더 적절할 것이다.

피그말리온 효과의 진정한 의미는 누군가가 어떻게 되기를 희망하면 상대를 격려하게 되고, 또 무언가가 간절히 이루어지기를 원하면 그를 실현하기 위해 노력한다는 뜻이다. 단순히 기대와 바람만 있으면 아무 노력 없이 저절로 이루어진다는 뜻은 아닐 것이다.

대학 시절 교수가 되는 것이 꿈이었다. 내 꿈을 들은 교수님이 나를 볼 때마다 '교수님'이라고 불렀다. 그렇게 불러 주면 진짜 그렇게 될 거라며. 꿈이 실제가 되지 않는다고 해도 교수님의 마음이 고마웠다. 그건 나의 꿈을 축복해 주는 것과도 같았으니까. 교수가 되기 위해서는 이래야 하고 저래야 한다며 조언을 했거나, 공부를 얼마나 많이 해야 하는지 아느냐며 충고를 했더라면 그는 내게 좋은 교수로 남아 있지 않을 것이다.

나 역시 앞으로 교수가 될 수 있을지 어떨지는 모른다. 다만, 간간이 대학 강단에 서서 강의를 하고 있고 지금도 계속 공부를 하고 있으니 언젠가는 꿈이 이루어질 수 있을 거라는 기대를 한 번쯤 해 보는 것이다.

### 우리는 서로에게 타인이라는 거울이다

만약 '내 주제에'라는 음성이 마음속에서 들려오고 있다면 누군가 나에게 그러한 말을 끊임없이 해 왔던 것은 아니었는지 곰곰이 생각해 보아야 한다. 모든 가능성을 타고난 우리의 희망이 어느새 흔적도 없이 사라지고, 스스로에 대한 기대가 희미해지지는 않았는가? 그것은 누군가가 나의 가능성을 무참히 없앴거나 짓밟았기 때문이며, 나에 대해 아무도 희망을 품지 않았기 때문이다. 사람은 타인이라는 거울을 늘 보고 사는 존재이기에 영향을 받을 수밖에 없다.

피그말리온 효과와 대조적인 '스티그마 효과'로 이를 설명할 수 있다. 부정적인 인식과 편견으로 상대를 바라보고 규정하면 실제로도 그렇게 되는 현상이다. 누군가에게 한번 낙인찍힌 사람이 그 자국을 지우기는 무척 힘들다. 그래서 자신을 애써 바꾸기보다 그냥 그렇게 낙인찍힌 대로 행동하게 된다. 맞은편에서 누가 나를 보고 있다는 사실은 같은데, 어떻게 보느냐에 따라 완전히 다른 결말이 될 수 있음을 이 대조적인 두 개의 효과로 알 수 있다.

사람은 누군가가 나에게 좋은 기대를 품고 있는 것을 인지하는 순간 정말 그러한 사람이 되기 위해 노력하곤 한다. 단지 나의 앞날에 대한 기대를 가질 뿐만 아니라 나를 좋은 사람으로 바라보는 사람 앞에서는 진짜 좋은 사람이 되기 위해 애쓰면서 상대를 함부로 대할 수 없게 된다. 그와 반대로 나를 안 좋은 시선으로 보는 사람 앞에서는 아무렇게나 행동하기도 한다. 이미 안 좋게 보는 상대에게 좋게 보이기 위해 애쓸 필요가 없으니까. 내가 상대를 어떤 사람일 거라고 기대하는지에 따라 그가 앞으로 나를 어떻게 대할지가 결정된다고 말할 수도 있겠다.

주는 것도 마음, 밀어내는 것도 마음이다. 어떠한 순간에도, 어떤 장소에도 마음이 아닌 것이 없다. 누군가가 오랫동안 마음이 아프다는 것은 마음이 없는 상태에서 마음이 그립기 때문이다. 누군가가 무기력한 상태에 오래 머문다는 것은 자신을 향한 애정 어린 기대와 관심이 공터로 남아 있기 때문이다. 그러니 우리는 타인을, 가까이 있는 나의 사람을 꽃의 언어로 해석하도록 하자. 모든 것이 멈추어 버린 순간에도 자신에 대한 희망을 버릴 수 없게.

# 가짜 기억이
# 진실을
# 덮을 수 있다

**방어 기제**

친구의 마음속에는 내내 잊히지 않는 사건 하나가 있다. 초등학교도 입학하기 훨씬 전의 일이었다. 부모가 자기만 할머니 집에 두고 홀연히 떠나 버렸다. 문득문득 묻고 싶었다. 어린 자신만 덩그러니 할머니 집에 둔 채 가 버린 부모의 마음은 정말 아무렇지도 않았던 걸까. 그때의 슬픔, 두려움, 분노가 여전히 친구를 괴롭혔다. 그날만 생각하면 가족들 모두가 꼴도 보기 싫어졌다. 시간은 상처에 아무런 효과도 없었다.

물어야만 했다. 나만 왜 버려두고 집으로 갔는지. 그날의 나는 고아 같았고 다시는 부모가 나를 찾지 않을 것 같아 두려웠으며 언니들만 사랑받는 것 같아 슬펐다고 고발해야만 했다. 친구는 서럽게 말을 쏟아 냈는데, 가족들은 눈을 동그랗게 뜨더니 어이없다는 듯 웃었다.

"야, 네가 할머니 집에 있겠다고 한 거였잖아."

"맞아. 가자고, 가자고 아무리 설득해도 울며불며 안 간다고 떼를 써 놓고서는 무슨 소리를 하는 거야?"

엄마와 언니들에게서 한결같은 증언이 이어졌다. 그렇게 자신을 괴롭히며 고통의 발아가 된 기억이었는데 이제 와서 나의 기억이 사실이 아니라니. 왜곡된 기억, 결말만 남겨진 기억 때문에 오랜 시간 고통받아 왔다니. 극복해야 할 것은 힘들었던 사건이 아니라 자신의 기억력이라니. 친구는 항변 한번 못 한 채 갈피 잃은 원망의 마음을 조용히 집어넣었다.

기억이란 때때로 통합되지 못한 채 파편화되어 나타난다. 사람은 사건을 선별하여 기억하면서도 기억을 제대로 분석하거나 의심하지 않는다. 진실과 거짓의 기억 중에서 거짓의 기억이 힘이 더 셀 때도 많다. 인간의 기억은 박제된 사진처럼 보전되어 그대로 재생되는 것이 아니라 머릿속에서 편집되기 때문에 완전하지 않다. 자주 떠올리는 기억일수록 시간이 지나면서 각색되기도 한다.

두 사람이 서로 싸울 때 양쪽의 기억이 전혀 달라서 누구의 말이 맞는지 분간하기 힘든 경험이 있을 것이다. 이 또한 자기 식으로 기억을 왜곡하고 시간이 지나면서 점점 그것을 사실로 믿어 버리기 때문이다. 그러므로 자신의 기억이 맞는지 한 번쯤은 주변인들에게 확인하는 작업이 필요하다.

아들러는 최초의 기억을 중요시하여 환자들에게 늘 최초의 기억을 물어보았다고 한다. 최초의 기억이 한 개인이 삶을 바라보는 창, 즉 앞으로의 삶을 바라보는 태도에 영향을 미친다고 보았기 때문이다. 심리학 전공 시간에도 최초의 기억이 무엇인지 물어보는 교수님이 많았다. 최초의 기억이 행복한지, 그렇지 않은지가 지금의 삶에 영향을 미친다는 것이다.

그런데 만약 최초의 기억이 거짓된 것이라면 어떻게 될까. 최초의 기억이 현재 삶에 영향을 미치는 것이 아니라, 반대로 현재 나의 상태가 행복하냐 그렇지 않느냐에 따라 기억 자체가 변질될 수도 있다면 어떻게 될까. 그 창이 우리에게 보여 주는 세상은 얼마든지 왜곡되어 정의될 수 있지 않을까.

## 감정이 기억을 만든다

입양된 친구가 있었다. 자신이 입양되었다는 것을 전혀 알지 못했을 때는 부모와 무척 행복하게 잘 지냈을 뿐만 아니라 행복한 기억만 갖고 있었다. 그런데 부모가 친부모가 아니라는 사실을 알고 나자 그는 불행해졌다. 가출을 했으며 그때 왜 아버지가 자신을 그렇게 대했는지 알겠다는 등 이전과는 다른 기억을 말하기 시작했다. 입양된 자신을 나쁘게 대했던 부모의 태도를 계속 기억해 냈다. 지금의 불행에 적합한 기억을 억지로 꺼내는 사람 같았다. 그것이 진짜 기억인지 아닌지조차 알 수 없다. 행복하던 아이가 한순간에 불행한 아이가 되고 말았다.

이처럼 기억이 있기에 감정이 있는 것이 아니라 감정이 있기에 기억이 있는 것일 때가 많다. 우리가 그토록 사랑했던 연인과 헤어진 후 그를 전혀 사랑한 적이 없다고 기억하는 것처럼. 감정이 얽혀 있는 기억은 자신에게 유리한 방향으로 얼마든지 조작된다. 현 시점의 자기 상황에 따라 출력되는 기억도 달라진다. 그렇다면 최초의 기억이 무엇인지 논하는 것은 무용할 수도 있겠다. 최초의 기억에 우리의 운명과 행복을 맡기기에는 기억이 믿을 게 못 되니까.

극작가인 레이 로리가는 자신의 책에서 "기억은 가장 멍청한 개와 같아서 막대기를 던지면 오래된 아무거나 물어 온다"는 과학자들의 경고를 소개했다. 또한 거짓 기억에 대해 연구하는 미국의 심리학자이자 인간 기억 전문가인 엘리자베스 로프터스는 "세월이 지나면 기억은 식품처럼 오염되고 부패하여 원형이 제대로 남아 있지 않는다"고 했다. 인간의 뇌는 어떤 동기만 주어지면 기억을 날조한다는 것이다.

로프터스는 '쇼핑몰에서 길을 잃다(lost in a shopping mall)'라는 실험을 진행했다. 실험 과정은 다음과 같았다.

- 24명의 실험 대상을 모집
- 실험 대상의 가족에게서 실제 있었던 실험 대상의 어린 시절에 관한 추억 세 가지, 그리고 그들이 쇼핑몰에서 길을 잃었다는 가짜 기억 한 가지를 적은 소책자를 준비
- 실험실에 실험 대상을 불러 소책자를 읽게 함
- 실험 대상이 소책자를 읽은 후에 자신이 직접 기억하는 내용을 상세히 적도록 함
- 아무런 기억이 나지 않으면 기억나지 않는다고 적으라고 주지시킴

결과는 놀라웠다. 약 25퍼센트에 해당하는 실험 대상이 쇼핑몰에서 길을 잃었다는 가짜 기억에 대해 기술했다. 심지어 가짜 기억을 단순히 있었던 일로 이야기하는 것이 아니라, 소책자에서 암시되지 않은 상세한 내용을 묘사하고 관련된 감정의 역동까지 드러냈다.

1990년 미국의 한 전직 형사 조지 프랭클린은 6년의 징역형을

살았다. 죄명은 살인죄였다. 자신의 딸이 어린 시절 아버지가 자신의 친구를 성폭행하고 살해한 것을 목격했다고 증언한 것이다. 무죄를 주장했지만 수년의 옥살이를 한 끝에 딸의 기억이 사실이 아닌 날조된 기억임이 밝혀져 풀려났다.

1992년 베스라는 여성은 일곱 살부터 여덟 살이 될 때까지 아버지에게 성폭행을 당해 두 번 임신을 했다고 주장했다. 첫 번째는 아버지가 옷걸이를 이용하여 아이를 낙태시켰고, 두 번째는 스스로 그렇게 하게끔 아버지가 시켰다고 이야기했다. 그런데 산부인과 검사 결과 베스는 한 번도 임신한 적이 없었다. 심지어 단 한 번도 성관계를 가진 적이 없다는 것이 밝혀졌다. 이 사건은 놀랍게도 베스의 치료사가 최면술을 통해 거짓 기억을 만들어 내게끔 유도한 것이었다. 치료사는 결국 고발당했다.

로프터스에 의하면 미국 전역에서 거짓 고발 사건이 줄을 잇는다고 한다. 어느 날 갑자기 자녀들이 자신의 부모를 상대로 소송하는 일이 수시로 일어나기 시작했는데, 이 중에는 거짓된 기억에 의한 사건도 많았다. 그래서 그는 잘못 고발된 사람들을 위한 입법을 강력하게 주장하고 있다.

우리의 기억은 과연 얼마나 안전할까? 기억 속에 잘못 머무르게 되면 지금의 삶은 함정이 되어 버릴 수도 있다. 가족이 있어도 고아가 되고, 친구가 있어도 외톨이가 되어 버린다. 우리가

기억을 가진 것이 아니라 기억이 우리를 소유하고 있기에. 그러
므로 한 번쯤 나의 기억이 순결하지 않을 수도 있다는 사실을
의심해 보아야 한다. 나를 괴롭히는 기억이라면 더더욱. 가장
익숙했던 기억이 실은 가장 낯선 기억일 수도 있다.

# 방관자
# 효과에 대한
# 반박

**친사회적 인간**

심리학에는 '방관자 효과'라는 개념이 있다. 이는 목격자가 많을수록 '나 말고 누군가가 돕겠지' 하고 생각하기 때문에 책임이 분산되어 남을 돕지 않는다는 이론이다. 유명한 제노비스 사건에서 탄생한 개념이다. 하지만 제노비스 사건은 인류 최악의 오보로 밝혀졌다.

1964년 3월 14일 미국 〈뉴욕 타임스〉 1면 하단에 실린 기사 하나가 세계적으로 큰 반향을 불러일으켰다. 전날 새벽 3시 30분쯤 약 30분 동안 뉴욕 퀸스의 한 아파트 근처에서 키티 제노비스라는 여성이 흉기에 여러 차례 찔려 숨졌다. 그런데 이웃 38명이 이를 목격하고도 경찰에 신고하거나 돕지 않았다는 내용이었다. 특히 제노비스가 처음 공격을 받은 뒤 누군가 "그녀를 내버려 두라"고 소리쳐 범인 윈스턴 모즐리가 도주했는데 그 뒤 아무도 제노비스를 도우러 나오지 않는 바람에 범인이 다시 나타나 그녀를 흉기로 난자한 것으로 알려져 충격을 더했다. 폭행을 당하면서 제노비스는 비명을 지르는 등 주위 사람들의 도움을 간절히 요청했으나 아무도 이에 반응하지 않았다. 이 사건은 대도시에서 흔히 볼 수 있는 무관심을 보여 주는 어두운 상징이 되었다.

심리학자 존 달리와 빕 라테인은 제노비스 사건을 사회 심리학적 맥락에서 설명하는 '방관자 효과' 혹은 '제노비스 신드롬'이라는 개념을 논문에 발표한다.

그런데 키티 제노비스의 남동생 빌 제노비스는 2004년부터 12년 동안 이 사건의 진실을 추적했고, 결국 애초에 38명이라는 목격자 자체가 없었음을 밝혀냈다. 기사를 자극적으로 쓰기 위한 〈뉴욕 타임스〉 기자가 38명이라는 숫자를 썼고, 실제로 범인이 제노비스를 흉기로 공격하는 걸 본 주민은 극소수에 불과했다. 피해자의 비명 소리를 들은 몇몇 주민들은 처음에는 가정 폭력이라고 생각했고, 그중 최소 두 명의 이웃은 경찰에 신고 전화를 했다. 특히 소피아 파라르라는 여성은 제노비스를 도

우러 뛰어 내려왔고, 제노비스가 숨질 때 그녀를 안고 있기까지
했다.

미국에서는 2016년 6월 3일 이 사건의 진실과 〈뉴욕 타임스〉
의 왜곡 보도를 파헤친 제임스 솔로몬 감독의 다큐멘터리 영화
〈목격자(The Witness)〉가 개봉됐다. 키티 제노비스가 살인을 당
한 지 52년, 빌 제노비스가 누이의 죽음에 관한 진실을 파헤친
지 12년, 사건을 왜곡한 기자 로젠탈이 사망한 지 10년, 범인 모
즐리마저 세상을 떠난 지 두 달 만이었다.

실제로 2020년 초에 방관자 효과를 반박하는 주장이 제기되
기도 했다. 영국 랭커스터 대학교의 한 연구팀이 수행한 새로
운 연구는 방관자 효과와 완전히 배치되는 결과를 이야기했다.
그들은 영국을 비롯하여 남아프리카와 네덜란드의 폭력 상황에
대한 감시 영상을 조사했다. 그 결과 해당 사건들의 90퍼센트에
서 적어도 한 사람이 사건에 개입하여 지원하려 했다는 사실을
발견했다. 그리고 주변에 사람이 많을수록 무언가를 할 수 있는
잠재력이 높아지고 도울 의지가 있는 사람의 수는 더 많아진다
는 것을 밝혀냈다.

제노비스 사건이 없었다면 방관자 효과라는 개념은 처음부터
나오지 않았을 것이다. 사건이 거짓이었음이 밝혀졌으니 이제
는 방관자 효과의 수정이 불가피하다.

## 인간은 이기적인 만큼 이타적이다

중학생 두 명이 길가에 쓰러져 자는 할아버지에게 외투를 벗어 주었다는 기사를 본 적이 있다. 하마터면 저체온증으로 사망할 수도 있었던 할아버지가 학생들의 온기로 살아날 수 있었다. 어른들도 다 그냥 지나친 사람에게 보낸 따뜻한 마음이 어디에서 비롯된 것인지 그들에게 물어보고 싶다. 실은 어린 사람에게 배울 것이 훨씬 많다는 것을 어른들만 모른다.

이러한 선한 마음을 증명하는 기사는 차고 넘친다. 지하철역에서 아이를 낳으려는 산모를, 지하철과 선로 사이에 낀 사람을, 차 밑에 깔린 사람을 주변에 있던 모두가 힘을 합쳐 도왔다는 훈훈한 이야기를 접할 때면 그래도 세상은 살 만한 곳이라는 생각이 든다. 개똥밭에 굴러도 저승보다 이승이 낫다는 말은 어느 망자가 저승을 경험하고 살아 돌아와 퍼뜨린 말일 거라고 믿고 싶어진다.

인간의 이기심은 DNA에 새겨졌다고 주장하는 이들도 있다. 그렇다면 다른 사람을 돕는 행위는 다른 DNA를 가진 특수한 사람만 할 수 있는 것이란 말인가. 나는 사람의 DNA에 이기적인 유전자가 새겨져 있는 것만큼 이타적이고 상호 협조적인 유전자가 같이 새겨져 있다고 굳게 믿는다. 만약 이기적 유전자만 있다면 인류는 벌써 사멸해 버렸을 테니.

세상의 많은 생명체 중에 가장 협조적인 생명체가 개미와 벌이다. 그들은 사실 모두가 친족이다. 여왕개미나 여왕벌에서 탄생하여 따지고 보면 하나의 혈족인 것이다. 그래서 그들이 서로 돕는 것에 유능하며 협동을 잘할 수 있다는 설이 있다. 그렇다면 인간도 생각해 보자. 선조, 단군 할아버지, 신… 거슬러 올라가면 모두가 친족인 것이 아닐까. 그래서 인간은 이기적이라면서도 서로 도울 수밖에 없는 것이 아닐까. 내가 푸는 설이니 여러 반론들이 예상되지만.

## 사람이 사람을 돕는 이유는 무엇일까

돕는 행위를 심리학에서는 '친사회적 행동'이라고 명명한다. 이러한 친사회적 행동을 하는 것이 자신의 이익을 위한 이기적인 동기 때문이라고 주장하는 학자도 있다. 반대로 상대의 이익을 위해 혹은 이타적인 이유로 타인을 돕는다고 주장하는 학자도 있다. 학습된 행동이라는 주장도 있고 유전적이라는 주장도 있다.

윌리엄 제임스는 다른 누군가의 이익을 위한 것이라 하더라도 결과적으로 친사회적 행동은 자기에게 도움이 되거나 이기적인 동기에 의한 것이라 주장했다. 이를 서로 주고받는 것이 있어야 돕는다는 '호혜성의 법칙'이라 일컫는다. 이에 반해 댄

뱃슨은 자신에게 이익이 되는지를 신경 쓰지 않고 순수하게 돕는다는 이타주의를 주장했다.

2006년 진행된 한 실험에서 타인을 돕는 행위가 타고난 본성인지를 알아보았다. 이 연구에서는 태어난 지 얼마 되지 않은 유아를 대상으로 이를 증명하려 했다. 2세 이하의 유아가 보는 앞에서 연구자가 물건을 떨어뜨렸을 때 유아가 그를 돕는지 관찰했다. 유아는 연구자가 일부러 물건을 떨어뜨린 것처럼 보일 때는 도와주지 않았고, 실수로 떨어뜨린 것처럼 보일 때만 도와주었다. 이 외에도 영유아를 대상으로 하는 연구가 많이 진행되었는데, 이들을 종합하여 볼 때 인간에게는 친사회적 행동이 내재되어 있다는 결론을 이끌어 내었다.

물론 학습인지 유전인지, 목적이 있는지 없는지 의견이 분분하다. 그런데 누군가를 돕는 행위 자체가 유의미한 것이지, 그의 목적과 이유가 그렇게 중요할까. 유전적이라면 인간의 아름다운 본성에 찬사를 보내면 된다. 학습된 행동이라면 돕는 행위 자체가 공공선과 공동체의 생존을 위한 것이라 가르치면 된다.

### 당신 곁의 평범한 사람이 영웅이다

코로나19의 영향으로 전 인류가 곤경에 처했다. 각자도생을 선택한 나라도 있었지만 우리나라는 어떻게든 서로를 도왔다.

생명의 위협을 무릅쓰고 위험에 처한 도시로 간호사들이 달려 갔고, 자가 격리된 사람에게 물품을 지급하는 사람들이 있었으며, 자발적으로 임대료를 보류하거나 감면해 주는 건물주들도 있었다. 기부도 줄을 이었다. 이 모든 상황과 모습이 해외에서는 화제가 될 정도였다.

어쩌면 우리를 보며 그저 놀라고 감탄하던 그들도 충분히 할 수 있었던 일이다. 인간에게는 이미 서로 돕는 능력이 있으니까. 서로 돕는 것이 서로에게 도움이 되고 결국은 우리의 생존을 위해 반드시 필요하다는 것을 우리는 알고 있다. 타고난 본성을 통해 확인하는 것이든, 세대에 걸치고 걸쳐 수천 년 동안 배워 왔던 것이든 말이다. 단지 잃었거나 잊었을 뿐이다.

펭귄은 수천 마리가 옹기종기 모여 서로의 체온을 나누며 남극의 추위를 견딘다. 이때 무리의 바깥에서 남들보다 더 추위를 많이 견디는 펭귄들이 보여 주는 이타심과 희생정신이 돋보인다. 적어도 개인적인 영광을 누리고 싶은 마음이 그들에겐 없어 보인다. 약함을 인정하기에 연대할 수 있는 것이다.

조직이 없는 사회, 접촉이 사라지는 사회, 인간의 가치가 전락하는 사회. 연대의 필요성은 더 커졌다. 도덕적 판단과 성찰에 흠집을 내고 각자도생의 삶을 살도록 하는 상황에 더 단단한 자세로 대비해야만 한다, 함께.

많은 심리학자가 말한다. 평범한 사람이 범죄자가 되는 것과 마찬가지로 평범한 사람이 영웅이 된다고. 내면의 영웅적 자질을 이끌어 내는 것은 '옳은' 것에 대해 끊임없이 자문하는 것이 아닐까.

전쟁과 범죄, 폭행을 자행하는 사람이 항상 부르짖는 것이 의리였다. 그리고 다른 한편에서는 의리로 사람을 구하고 귀한 목숨까지 건 사람도 있었다. 의미를 만들어 지속하는 것은 또 다른 힘을 만들어 낸다.

# 나 자신을 더욱 사랑하는 법

# 내 안의
# 우는 아이를
# 달래야 할 때

🌱

### 장기 기억

    나는 아픈 과거의 순간에서 벗어나기 위한 한 방법으로 '쓰기'를 선택했다. 힘들고 아픈 시간을 써 내려가며 그 순간을 한 발자국 멀리서 바라보는 것이다. 하지만 아무리 쓰고 또 써도 해방되지 않는 역사의 한 자락이 있다. 나에게서 달아나려 할수록 내가 애써 붙잡아 두는 기억도 있고, 내보내려고 할수록 더 바락바락 달려드는 기억도 있다. 내가 속한 세계와 내가 가진 세계를 벌써 수천 만, 수억 만의 활자로 독립시켰음에도 아직도 나에게 예속되어 들키고 들키지 않는 마음은 여러 번의 고백에도 성에 차지 않는다.

가난 때문에 겪었던 무수한 일들이 특히나 더 그렇다. 가난은 날카로운 송곳처럼 박힌 부모이자, 시대이자, 나였다. 그래서 이제는 가난을 벗어났음에도 벗어나지 못했고 그 흔적이 몸의 곳곳에서 나를 밟는다.

초등학교 2학년 때 담임은 나에게 급식비를 내지 않았다고 호통을 쳤다. 급식비를 내는 주체는 부모인데 왜 그 주체에게 직접 이야기하지 않고 어린 나에게 뭐라고 하는지 나는 의아하기만 했다. 그리고 몹시 부끄러웠다. 친구들이 모두 있는 교실에서 내 힘으로는 어찌할 수 없는 일에 감당할 수 없는 책임을 지고 있었으므로. 어렸지만 나는 분명하고도 확실한 수치심과 모멸감을 느꼈다.

그 일을 그냥 어린 시절의 스치는 사건으로만 받아들일 수 없는 건 선명하게 느낀 그날의 감정 때문이었다. 그 감정은 한쪽 마음에는 슬픔이었고 분노였으며 벌겋게 달아오른 치욕이었다. 늘 편애를 일삼으며 부당하게 나를 대했던 그의 태도와 나를 향한 그의 미움이 나의 마음에 선명하고 균일하게 이빨 자국을 남겼다.

수치심은 단순한 창피함이나 부끄러운 감정이 아니다. 훨씬 무거운 감정이다. 그것은 한 영혼을 파괴할 정도의 힘을 가졌다. 내가 비정상적인 것처럼 느껴지는 극단의 감정이고 자아를 마비시키는 감정이다. 즉 수치심 탓에 스스로가 잘못된 존재라고 느끼는 것이다. 이처럼 강력한 감정이 동반되는 기억은 오래 유지된다.

## 나쁜 기억이 더 오래간다

인간의 뇌에는 단기 기억을 장기 기억으로 저장하는 해마와 감정을 담당하는 편도체라는 부위가 있다. 편도체는 해마에 딱 붙어 동시에 작동한다. 특히 공포, 심한 불안, 두려움, 스트레스, 트라우마 등에 편도체가 깊이 관여하면 뇌는 안전과 생존을 위해 지워지지 않는 장기 기억을 만들어 내는 전용 신경 회로를 구축한다. 즉 강력한 감정이 실린 기억일수록 우리의 장기 기억 저장소에 고이 모셔지게 되고, 강력한 정서적 사건일수록 편도체가 활성화되어 기억의 각인을 강화한다. 이런 기억은 뇌에 무척 깊이 박혀 망각의 걸림돌로 작용한다. 이때의 기억은 뇌의 전체성에 통합되지 못한 채 외따로 쪼개져서 기억을 재생시키고, 때로는 불안 장애나 외상 후 스트레스 장애 등을 일으키기도 한다.

인간은 부정적인 정보에 예민하게 반응하게 되어 있다. 타인의 긍정적 특성보다 부정적 특성이 더 눈에 들어오고, 내가 가진 장점보다 단점에 더 과민해지며, 긍정적이고 바른말보다 부정적이고 옳지 못한 말이 귀에 잘 들린다. 긍정적 정서보다 부정적 정서의 강도가 더 크며, 실제로도 좋은 일보다 나쁜 일에 더 큰 영향을 받고 나쁜 기억이 더 오래간다. 이와 같은 현상을 '부정 편향'이라고 한다.

다행인 것은 인간의 뇌는 환경 요인에 따라 변화하는 가소성을 갖고 있기 때문에 전두엽의 자유 의지로 이를 극복할 수 있다는 점이다. 공포와 같은 불편하고도 강력한 감정으로 전두엽이 쪼그라들었다면 있는 힘껏 숨을 불어 넣어 펴 주면 된다. 운동, 좋은 관계, 좋은 사건과 상황을 나에게 많이 만들어 주면서 말이다. 힘들었던 기억을 덮을 수 있을 정도의 좋은 경험을 자신에게 선물하는 것이다.

## 감정의 경계를 세우는 법

누가 나에게 했던 말에 마음이 몹시 상하면서도 나는 왜 그때 한사코 가만히 있었을까 후회하며 자책할 때가 있다. 자존심이 상하는 순간 왜 한마디 대꾸도 못한 채 평화를 유지하고 있었을까 하며 스스로에게 화가 밀려들 때도 잦다. 상대가 이미 깨 버린 평화를 내가 지킨다는 것 자체가 모순인데도 말이다.

지킨다는 것은 깨지기 전에나 의미가 있다. 이미 평화가 깨진 이후에 무슨 의미가 있다고 그 무의미한 일을 하면서 벅찬 인내를 했던지. 다음에는 절대 그러지 말아야지, 나의 자존을 어떻게든 지켜야지 하고 다짐하고선 이내 또 스스로에게 실망하곤 했다.

하지만 인간과 인간이 포개지는 것이 결코 완벽한 관계상이 아니라는 것을 인지한 순간 경계를 세우는 연습을 할 수 있게 되었다. 감정의 경계를 세우고 그 경계를 넘는 사람에게는 경고 신호를 보낸다. 나와 당신의 감정 최전선이 다른 곳에 위치해 있음을, 그래서 당신에게는 아무렇지도 않은 일이 나에게는 중요한 일임을 상대에게 인지시키는 것이다. 때로는 경고 없이 관계를 정리하기도 한다.

외로웠던 사람은 한 사람 한 사람이 소중하기 때문에 상처를 받으면서도 참는 경향이 있다. 하지만 상처를 주는 사람 옆에 있으면 아무도 없을 때보다 더 외로운 법이다. 외로움보다 상처가 더 크고 깊은 거니까.

나를 쉽게 떠나가 버린 사람들을 보며 아프고, 나를 흠집 내는 날카로운 소리들에 베이고, 나에 대한 무시와 무관심 속에서 어디로 눈을 돌려야 할지 몰라 마음만 찢어지고. 인생은 그러한 날들의 연속이라 우리는 항상 아프다.

그럼에도 추억의 긴밀하고 촘촘하며 질긴 풍경 속에서 나에게 손짓하는 사람들을 바라보자. 나를 향해 우뚝 서 있는 단 한 사람의 존재를 음미하며 나에게 가해졌던 폭력과 폭언과 상처의 순간을 지워 내기를. 나에게 남았을 행복을 쉽게 포기하지 않는 자비를 스스로에게 실천하기를. 깊고도 여린 시간으로 삶이 채워지기를. 그렇게 나를 위해, 당신들을 위해 빌고 싶은 날이다.

# 감정은
# 잘못이
# 없다

✿

**감성 지능**

문해력과 별개로 한국의 문맹률은 거의 0퍼센트에 가깝다. 그런데 감정에 대한 문맹률은 전 세계적으로 가장 높지 않을까 싶다. 나는 주로 감정 살롱처럼 감정을 나누는 모임이나 자존감 찾기 프로그램 등을 진행할 때 혹은 기타 연수 과정에서 감정에 대한 이야기를 많이 나누는 편이다. 그럴 때마다 자신의 감정을 이야기하는 것에 난감해하는 사람을 꼭 만난다. 난감해하는 정도면 그나마 양호한 편이다. 때로는 남의 감정에 공감하지 못하는 것을 넘어 남의 감정을 비난하는 사람까지 등장한다. 감정적인 생활을 해 본 적이 없거나 감정이 나쁜 것이라는 인식이 깔려 있는 사람일수록 감정에 솔직한 사람을 도저히 견딜 수 없어서이다.

심리학을 전공하면서 집단 상담 수업에 참여한 적이 있다. 솔직하게 자신을 드러내라고 판을 깔아 주는 자리이다. 그런데 사람들은 다 아는 사람들끼리 자신의 감정을 드러내는 것을 더 어려워했다. 무언가 뒷말의 대상이 될까 봐 노심초사하기라도 하듯이.

무엇을 느끼는지 물어보면 자신의 느낌이 아니라 생각을 말하는 사람이 다수였다. 그중에는 자기 자신에 대해 있는 그대로의 감정을 표현하는 사람을 향해 왜 저렇게 말을 하느냐며 대놓고 비난하는 사람도 있었다. 그리고 그는 감정을 말하라는 교수에게 날카롭게 이성의 잣대를 들이대며 항상 생각을 말하곤 했다. 급기야 교수가 생각 말고 느낌을 말하라고 하자 그렇게 똑똑하게 자기 생각을 말하던 사람이 주저주저했다.

같이 감정 연수를 받는 선생님도 유독 자신의 감정을 말해야 하는 순간을 힘들어했다. 한 번도 자신의 감정을 들여다보거나 누군가에게 말해 본 적이 없기에 감정을 이야기하는 시간이 되면 곤혹스럽다는 것이다.

석·박사 학위를 받고 심리학을 공부하며 누군가를 가르치고 상담하는 사람들이 이처럼 자신의 감정에 문맹이라는 것을 어떻게 받아들여야 할까. 물론 이러한 사람들이 대한민국의 도처에 있다. 하지만 상담을 업으로 하는 사람에게 감정이 결핍되어 있다는 것은 핸디캡이 아닐 수가 없다.

## 우리는 행복에 대해 오해하고 있다

사람들은 한때 행복의 상태에 대해 오해하곤 했다. 행복의 상태는 두려움이 없는 상태이고 불편한 감정이 최소화된 삶이라고 말이다. 문제가 없는 삶이 행복한 삶이며, 감정에 휘둘리거나 불편한 감정을 극복하지 못한 삶은 문제가 있는 삶이라 여겼다. 게다가 90년대에 긍정 심리학이 등장하면서 사람들은 긍정에 집착하게 되었다. 긍정과 행복을 직선으로 연결해 인과 관계를 만들었다.

캘리포니아 대학교의 심리학 교수인 소냐 류보미르스키는 이러한 긍정 심리학과 행복에 대한 신화를 반박한다. 그뿐만 아니라 많은 심리학자가 행복을 다시 정의 내릴 것을 권고하고, 긍정 심리학이 너무 먼 곳까지 갔다고 비판하기도 한다.

행복이란 두려움을 가지고도 살아갈 수 있는 힘이다. 또한 진정한 긍정 심리학은 부정과 긍정의 상황을 모두 인정하면서도 인간의 긍정적인 요소가 개인에게 어떻게 영향을 미치는지 과학적으로 밝히는 학문이다. 긍정적인 감정만을 인정하는 것은 긍정 심리학과 아무런 관련이 없다.

부정적인 상황에 눈감아 버리거나 특정한 감정에 부정적인 프레임을 씌워 배척해야 할 대상으로 여기는 것은 올바른 방향이 아니다. 이는 스트레스 상황에 어떻게 대처하고, 감정과 감정 사이에 어떻게 균형을 맞추며 조율할지에 대한 방법론과 해석론을 모두 폐기해 버리는 행위이다. 그렇게 되면 우리에게는 상처와 불편한 감정에 대한 면역력이 생기지 않는다. 그러면 상처를 입거나 불편한 감정을 맞닥뜨렸을 때 더 큰 피해를 입을 수밖에 없다.

## 모든 감정은 건강하다

우리가 감정을 드러내고 표현해야 하는 유일한 이유는 우리의 생명과 건강을 보호하기 위해서이다. 노스캐롤라이나 대학교 채플힐의 심리학 교수인 바바라 프레드릭슨은 그의 연구에서 인간이 가진 감정이 본질적인 적응 기능을 가지고 있다는 것을 밝혔다. 즉 인간이 느끼는 감정에 부정적인 것은 없으며, 불쾌한 감정조차 개인적이고도 사회적인 적응 기제로 반드시 필요하다는 것이다. 특정 감정을 숨기거나 없애야 한다는 생각을 하루빨리 멈출수록 더 많은 혜택을 얻을 수 있다고 한다.

감정은 말 그대로 진화의 산물이며 유용한 특권이다. 감정은 우리의 해방구이자 탈출구이며 나와 세계를 잇는 수단이지, 우리를 옭아매는 수단이 아니다. 그러므로 적절하게 관찰하고 해석하며 표현하는 연습을 통해 감정을 다른 세계로 전달하는 방법을 배워야만 한다.

우리가 어떤 감정을 거부할 때조차 우리의 몸은 모든 감정을 다 담고 있다. 증오, 분노, 원한 등의 은밀하고도 억압된 감정을 인지하고 이름 붙일 때 비로소 우리는 감정을 관리할 수 있다. 육체적이고도 심리적인 고통에서도 벗어날 수 있다. 최근의 연구에 따르면 진정한 행복은 어두운 감정을 더 잘 받아들이고 인생이 항상 긍정적인 방향으로 흘러가는 것이 아니라는 것을 인지하는 것에서부터 출발한다고 한다.

오랜 시간 동안 벅찬 감정 자체가 아니라 감정을 억압하고 회피하는 것 때문에 힘들었을지도 모른다. 문맹으로 인한 고통과 좌절은 생각보다 크다. 그런데 우리는 스스로가 문맹이면서도 문맹인지 모르고 살아왔을지도 모른다. 진짜 보아야 할 것을 볼 수 있는 특별한 눈을 하나 더 가질 수 있다면 좋겠다. 못난 민낯에도 찌푸리지 않는.

# 자신을 사랑하는 데
# 타인을
# 이용하지 말 것

**나르시시즘**

"제가 보았을 때 선생님은 나르시시스트인 것 같아요."

친구가 자신의 동료에게 이러한 이야기를 들었다며 자랑스러워했다. 친구는 평소에 자기가 스스로를 얼마나 사랑하며, 그래서 다른 사람을 부러워해 본 적도 없다는 것을 주장하기 시작했다. 그는 나르시시스트가 어떤 것인지 모르는 게 분명했다. 만약 친구의 동료가 나르시시스트에 대해 정확하게 인지한 상태에서 그렇게 표현했다면 친구를 모욕하는 것이고, 모르고 사용한 경우라면 그저 무지에서 단어 자체를 잘못 사용했을 것이다. 물론 둘 사이의 강 같은 평화를 위해서는 후자여야 할 테지만.

나르시시즘은 그리스 로마 신화에 나오는 유명한 나르키소스에서 비롯되었다. 나르키소스는 자존심이 세고 거만했다. 수많은 님프의 구애를 받았지만 모두를 귀찮아했고, 어떤 누구의 마음도 받아 주지 않았다. 그에 화가 난 님프들이 복수의 여신 네메시스에게 기도하여 그에게 저주를 내리게 했다. 그 저주가 바로 자기 자신만을 사랑하는 것이었다. 나르키소스는 호수에 비친 자신의 모습을 보고 사랑에 빠진 나머지 그대로 익사했고, 그가 죽은 자리에 핀 꽃이 수선화이다.

### 나르시시즘은 자기애와 같은 말이 아니다

이 나르키소스의 영어 이름인 나르시스에서 나르시시즘이라는 용어를 따왔다. 나르시시즘을 단순히 자기애가 과잉된 상태라고만 생각하는 사람이 많다. 그런데 나르시시즘은 자기애적 성격 장애로 '정신 질환 진단 및 통계 매뉴얼(DSM-5)'의 임상 상태이다. 자기애는 자신을 있는 그대로 받아들이고 사랑하는 것을 의미한다. 반면 나르시시즘은 만들어 낸 자신의 이미지를 추구하는 것이다. 굳이 만들어진 이미지를 추구하고 사랑한다는 것 자체가 진짜 자기는 사랑할 수 없음을 방증하기도 한다. 따라서 나르시시즘은 자기애와 동일한 것이 아니다. 오히려 자기애와 상반된 자기애의 부족을 의미한다.

나르시시스트는 과장된 자기 이미지를 통해 자신의 자아상을 왜곡한 상태에서 인간관계를 맺기 때문에 내면의 진실 자체가 진공 상태이다. 오직 자신이 돋보이고 중심에 서서 관심을 받기를 원하기 때문에 다른 사람에 대한 감정 이입 능력이나 공감 능력 또한 지극히 떨어진다. 이기적이고 거만해서 남과 협동할 수 없을 뿐만 아니라 다른 사람을 지배하는 것에서 만족감을 얻기 때문에 공격적이다. 나르시시즘과 자기애 혹은 건강한 자존감의 차이가 얼마나 큰지 알 수 있다.

자기애적 성격 장애를 이야기할 때 빼 놓지 않고 등장하는 인물이 스티브 잡스이다. 그는 갑자기 직원에게 질문을 해서 대답하지 못하면 심하게 무안을 주는가 하면 그 자리에서 바로 해고하기도 했다. 자신의 의견이 다른 동료에게 수용되지 못하면 참을 수 없어 했다. 몸에서 냄새가 나는 와중에도 씻을 필요가 없다며 주위 사람을 배려하지 않았으며, 남들의 시선 따위는 전혀 신경 쓰지 않았다. 다른 동료의 아이디어를 훔치는 뻔뻔함을 자행하기도 했다.

잡스가 훌륭한 리더가 아니었다는 평가가 즐비하다. 그는 성공한 사업가였음은 분명하지만, 좋은 인간이었음에는 물음표가 붙을 수밖에 없다. 그런데도 나르시시스트인 리더가 이상적으로 보이는 이유는 그들이 얻고자 하는 바가 있을 때는 수단 방법을 가리지 않기 때문이다.

## 가만히 멈추고 자신을 돌아볼 것

한 연구에서는 나르시시즘의 64퍼센트가 유전된다는 결과를 보고했다. 즉 극복하고 변화하기 힘들다는 뜻이다. 그럼에도 스티브 잡스는 명상을 통해 자신의 성격 장애를 보완한 것으로 알려져 있다. 명상을 하면 공감을 경험하는 뇌의 일부인 인슐라를 활성화하므로 누구보다 그에게 필요한 수련이었을 것이다.

명상이 주는 이점은 이미 과학적으로 증명되기도 했다. 미국의 조지타운 대학교에서 실시한 연구에서는 불안 장애를 가진 사람의 스트레스 상태에서 명상이 염증 호르몬 반응을 감소시키는 것을 알아냈다. 캐나다 워털루 대학교의 연구에서도 10분의 명상이 불안한 심리를 가진 사람의 집중도를 높이고 반복적으로 발생하는 부정적인 생각의 완화에도 도움을 준다는 것을 발견했다.

마음뿐만 아니라 몸에도 영향을 미쳐 심장 박동이 느려지고 혈관이 확장되며 면역 시스템에 직접적인 영향을 미친다. 스트레스 호르몬 수치를 적절한 선으로 유지하며 엔도르핀이 분비되기도 한다. 영국의 리즈 베켓 대학교의 연구는 명상이 고통에 대한 불안감뿐만 아니라 실제로 육체적 통증까지 줄여 준다고 했다.

물론 명상은 방법론이다. 본질은 소음을 끄고, 가만히 멈추어 호흡을 가다듬고, 상황과 자신을 분리하여 자신을 관찰하며 수용하고, 자신을 인지하는 것이다. 스스로와 타인에 대해 친근해질 수 있는 마음의 여유분을 비축하는 시간을 갖는 것이다.

사람은 일상에서 자신의 생각에 과몰입하고, 주변에서 일어나는 일에는 그다지 신경을 쓰지 않는다. 타인과는 물론 때로는 자기 자신과의 연결 고리를 모두 끊어 버릴 때도 있다. 무용한 집착, 수거된 편집용 이미지, 사고의 악습관, 자아를 잃은 인식의 세계, 연민하지 않는 욕망, 쉽게 동요하는 초조함. 우리는 이 모든 습성으로부터 한 발자국 물러나 내 마음을 조용히 들여다보아야만 한다. 거세지는 비바람을 창 너머로 바라보며 조용히 차 한 잔을 마시듯이.

# 몸이 마음을 지배하는가, 마음이 몸을 지배하는가

치유

세상이 정말 아름답게 보였던 적이 있다. 햇살 한 줄기, 바람 한 점, 풀 한 포기, 나비 한 마리까지 눈에 들어왔고 손에 잡혔다. 모든 사물과 생물에 정이 가고 살뜰하게 안아 주고도 싶었다. 사람까지도 좋았다. 그토록 인류애가 부족했는데 사람이 좋아지다니 이상도 하지. 사회적인 얼굴로 사람들을 만난 게 아니라 온 마음을 다해 사람들을 만나고 좋아했다.

하루는 함께 운동하던 지인을 지하철역에서 우연히 만났다. 매일 보는 사이인데도 다른 장소에서 만났다는 이유 하나만으로 얼싸안고 춤을 출 정도였다. 사람과 사람이 같은 눈으로, 같은 마음으로 서로를 마주한다는 것은 가장 애틋한 마음의 함축일 것이다. 다 가리고 있어도 마치 다 보이는 것과도 같은.

나의 내면과 눈길의 변화가 운동 덕분인지 그 당시에는 알지 못했다. 얼싸안듯이 반가워했던 지인도 운동을 하면서 만난 사이였기에 비슷한 정도와 크기로 반가워할 수 있었던 것이다. 만약 다른 사람이었다면 만남에 대한 온도 자체가 달랐을지도 모른다.

나는 그때 단전 호흡이라는 운동을 하고 있었다. 호흡이라는 단어가 붙어 호흡에만 집중하는 운동 같지만 장운동이 대부분인 운동이었다. 기체조를 하기도 했는데, 기체조를 할 때면 남학생들이 군대에서 받던 훈련 혹은 벌과 비슷하다며 군대를 다시 온 것 같은 기분에 사로잡힌다고도 했다. 두 번 다시 느끼고 싶지 않은 기분을 느끼면서도 꿋꿋이 운동을 하던 남학생들이 새삼 대견하다.

단전 호흡을 할 때 우리는 장 환경이 좋아야 몸이 좋아진다는 이야기를 귀에 못이 박이도록 들었다. 아무도 이의를 제기하지 않고 열심히 호흡과 장운동을 한 결과, 우리 대부분은 이전과 전혀 다른 몸을 가지게 되었다. 한 언니는 온종일 우울한 기분 때문에 침대에서 꼼짝할 수 없던 마음의 병에서 해방되었다. 또 다른 언니는 운동을 아무리 해도 빠지지 않던 살이 빠지고 얼굴의 여드름이 말끔히 사라졌다. 그리고 나는 생리통에서 해방되었으며 피부가 매끈해지기 시작했다.

## 행복 호르몬의 효과

우리의 육체는 제각각 안 좋았던 기관들이 달랐으므로 다른 방향으로 좋아졌지만, 마음의 상태는 동일하게 흘러가고 있었다. 모든 마음의 상태가 얼굴에 그대로 드러났다. 힘든 공부를 하면서도 무엇이 그렇게 좋은지 행복해 보였다. 몸을 열심히 움직여서 스트레스가 해소된 것도 있겠지만 우리 몸, 특히 장에서 세로토닌이 활발하게 분비되고 있었던 것이다.

세로토닌은 행복 호르몬으로 알려진 뇌의 강력한 신경 전달 물질이다. 그 존재 유무가 우리의 기분을 좌우한다. 세로토닌이 활발히 분비되면 긍정적인 마음과 행복감을 가질 수 있으며 차분하고 편안한 상태가 된다. 반대로 세로토닌이 부족하면 자신에 대한 믿음을 잃어버리고 슬픔, 우울, 불안감 등 불편한 감정에 휩싸인다. 게다가 심혈관, 근육, 기억력, 학습 능력 등에도 영향을 미친다.

특히 세로토닌 분비가 제대로 되지 않으면 단것이나 탄수화물 등에 대한 욕구가 심해진다. 단것을 먹으면 당장은 세로토닌 분비가 증가하는 것 같지만, 다시 급속히 저하되면서 졸음이 몰려오고 우울과 불안에 휩싸일 수 있으며 적대적인 행동이 두드러지기도 한다. 세로토닌이 부족한 사람이 폭식을 자주 하게 되는 이유이다.

이 밖에도 불면증, 인지 기능 저하, 소화 장애, 피로감 등의 증상이 나타난다. 무엇보다 사람들과 감정적으로 교감하는 기능이 떨어지기 때문에 관계에 있어서도 문제를 겪게 된다.

### 행복과 장의 관계

우리 몸에 이토록 중요한 세로토닌은 뇌에서도 분비되지만 80~95퍼센트는 장에서 분비된다. 그러니 계속해서 장운동을 했던 나와 운동 친구들이 세로토닌의 과다 분비로 행복할 수밖에 없던 것이다. 예전에는 뇌와 장이 분리되어 있어 장에서 아무리 세로토닌이 분비되어도 뇌에 영향을 미칠 수 없다고 보았다. 하지만 현재는 장에서 분비되는 세로토닌이 뇌에 지대한 영향을 주며 행복감에도 영향을 미친다는 연구 결과가 줄을 잇고 있다.

신경 과학자들은 장이 뇌의 아군이 될 수도 있고, 적군이 될 수도 있다고 한다. 알츠하이머병, 파킨슨병, 자폐증, 섬유 근육통, 우울증, 불안, 불면증, 다발 경화증, 퇴행성 질환은 모두 장내 세균의 균형이 부족하여 시작된다. 뇌는 대사적으로 과잉 활동을 하는 기관이므로 영양소와 관련하여 가장 까다로운 기관

중 하나이다. 영양분이 제대로 공급되지 않으면 뇌가 부실하게 작동한다. 그래서 사람은 먹는 것에 더 신경을 써야 한다.

장 속의 미생물 환경은 감정을 관리하는 대뇌변연계와 아주 밀접한 연관이 있다. 100조 개의 장내 미생물이 장내 세포에 영양분을 제공하며 정서-행동-면역 시스템에 영향을 준다. 장과 뇌는 약 2,000가닥의 신경 섬유로 연결되어 서로에게 영향을 미친다. 우울감, 불행감, 초조와 불안 등의 감정이 뇌는 물론 장의 환경과 상태에도 영향을 받고 있는 것이다. 따라서 장이 튼튼한 사람일수록 안정적인 정서를 가질 수 있다.

뇌가 사람의 내면세계를 전부 관장하는 줄 알았다. 하지만 장에서도 큰 영향을 미친다는 것은 오히려 다행일지도 모른다. 모든 기분을 뇌에만 맡기는 것은 위험 부담이 크다. 장을 잘 관리하는 것은 뇌를 관리하는 것보다는 나의 의지에 더 큰 영향을 받으므로 어쩌면 더 주체적이고 쉬운 일일 수도 있다.

과민 대장 증후군으로 고생하던 친구가 있었다. 짜증이 잦았고 괜한 트집을 잡으며 히스테리를 부리는 통에 친구뿐만 아니라 연인과도 문제가 많이 생겼다. 항상 과민한 정서 상태에서 불안해했고, 불안해하니 과민 대장 증후군이 더 심해졌다. 과민한 정서에 과민한 육신, 혹은 과민한 육신에 과민한 정신. 정신이 육신을 낳는지, 육신이 정신을 낳는지조차 모호할 정도였다.

장에 문제가 있어서 기분도 늘 장을 따라가는 거라며 친구에게 운동을 권했지만 듣지 않았다. 인생이 갱생될 절호의 기회를 그렇게 차 버리다니. 세상이 얼마나 아름다워 보일 수 있는지 보고 느끼게 해 주고 싶었건만.

우리의 신체 중 가장 움직임이 적은 곳이 장이다. 어쩌면 장에서 세로토닌이 그렇게 많이 분비되는 이유는, 의식해서 움직이지 않고서는 절대 홀로 움직이지 못하면서 우리 몸통의 절반 가까이를 차지하는 그곳을 잘 보살펴 주라는 뜻이 아닐까. 요즘처럼 앉아서 움직이고, 앉아서 일하고, 앉아서 모든 것을 처리하는 환경에서는 의식해서 배를 꿀렁꿀렁하고 두드려 주는 것이 위대한 과업 중 하나가 되었다.

우리 마음이 거짓을 말할 때조차 몸은 왜 이다지 진실된지 알다가도 모를 일이다. 가끔은 몸이 들려주는 이야기에 귀를 기울이는 것이 마음의 문제를 해결하는 길일지도.

# 상처받았다면
# 더 빠르게
# 회복하는 방법

**마음 챙김**

요즈음 많은 심리학자가 자존감 대신 '자기 자비'와 '마음 챙김'을 강조한다.

힘든 나의 마음을 들어 주고, 친절하고 부드러운 태도를 갖는 것을 자기 자비라고 한다. 심리학자 크리스틴 네프와 마크 리어리 등은 자기 자비를 가진 사람이 그렇지 않은 사람에 비해 좌절을 더 빨리 극복하고 스트레스를 덜 받으며 더 행복하다고 말했다.

마음 챙김이란 남을 함부로 평가하거나 판단하지 않듯이 자신에게도 그렇게 대하는 태도이다. 하버드 의과 대학교의 한 연구에서는 마음 챙김이 우울증에 긍정적 효과가 있고 삶의 질을 개선한다고 발표했다. 마음 챙김의 실천적 과제는 모든 생각과 감정을 쫓아내려 하지 않고 여유를 가지며 관찰한 뒤 인정하고 흘려보내는 것이다.

자기 자비와 마음 챙김을 위해 가장 먼저 해야 할 일은 상처를 인정하는 것이다. 상처에 이름을 붙이고 불러 보는 일은 내가 나에게 솔직해지고 스스로를 존중하며 무조건적으로 이해하는 과정이다. 그동안 남의 이야기를 들어 주느라 정작 하지 못했던 나의 이야기를 제삼자가 되어 온 마음으로 경청해 본다. 인본주의 심리학자 칼 로저스는 무조건적이고 긍정적인 존중, 공감적 이해, 진솔함이 있을 때 사람의 성장과 치유가 자연스럽게 일어난다고 했다. 이 세 가지를 스스로에게 적용해 보는 것이다.

"존중받기 위해 애썼던 노력이 여러 번 헛된 결과로 돌아왔구나, 다른 사람의 이야기를 들어 줄 때 다른 사람도 너의 이야기를 들어 주기를 바랐던 거구나, 억눌러 왔던 감정 탓에 그동안 많이도 힘들었구나, 견디기 힘든 순간에 아무에게도 힘들다고 말할 수 없어 외로웠구나, 그래서 상처받았구나."

스스로 내면의 말을 들어 주고 상처받는 것이 당연했다고 나 자신에게 이야기해 준다. 상처받은 자신이 못나 보이고 상처를 인정하고 싶지 않아도 상처는 그 자체로 이미 나를 흠집 내며 최선을 다해 제 몫을 하고 있다. 그러니 우리도 최선을 다해 상처에서 벗어나려 연습하고 노력해야만 한다.

상처가 낫는 길은 상처를 알아차리는 것에서 시작할 수밖에 없다. 그래야 위로도, 치유도 할 수 있는 법이다.

윌리엄 셰익스피어는 "사사로운 상처가 가장 깊다"고 말했다. 큰 상처라면 과감히 행동을 취할 수 있을 텐데 사사로운 상처는 묻지도 따지지도 않고 그냥 넘겨야 할 때가 많은 탓이다. 그렇게 넘겼던 상처의 순간이 쌓이고 쌓여 우리를 더 괴롭힌다. 무엇보다 상처는 절대 사사로운 것이 없다. 그렇게 보이거나, 그렇게 믿고 싶거나, 강요받았을 뿐.

### 나를 향한 손가락질을 걷어 내자

하나의 상처를 치유하면 또 다른 상처가 우리를 기다리고 있을지 모른다. 애써 일어났더니 세상은 우리에게 자꾸만 무너지라며 뒷걸음질 치게 만들 수도 있다. 지금을 극복한다고 해서 나중에 방황하지 말라는 법도 없다. 영원히 아프지 않는 방법 같은 것도 세상에 없다.

단지 나는 나를 포기할 수 없어서, 이 생을 너무나 사랑해서 자주 아플 뿐이다. 이력서에 상처를 극복한 횟수를 적으라면 최대의 이력을 자랑할 수 있을 정도로.

부족하지만 노력했던, 부족해서 힘들었던 사늘한 마음에서 냉정한 나와 냉혹한 타인의 손가락질을 걷어 내면 아름다운 나만 남는다. 나는 어른이 되는 순간까지 사람들의 손가락질을 따라 나 자신에게 손가락 끝을 겨누었다. 누군가가 나를 미워하면 그에게서 원인을 찾는 것이 아니라 나에게서 열심히 원인을 찾았다. 그러다 어느 순간에는 내가 이 모양이니 미움받는 게 당연하다는 생각까지 들었다.

스스로를 향한 이러한 태도는 사실 나 혼자서 만들어 낸 게 아니다. 초등학교 때 잠깐 왕따를 당한 적이 있는데, 아버지는 나를 향해 "네가 이러니 왕따를 당하는 것"이라고 말했다. 나를 향한 아버지의 메시지를 내가 그대로 이어받아 나 자신에게 보내고 있었던 것이다.

타인에게 자비다운 자비를 받아 본 적이 없는 사람은 자기 자신에게 자비를 베푸는 일에도 인색할 수밖에 없다. 자기 자비를 베풀 수가 없으니 자신의 마음도 미처 챙기지 못하는 것은 당연하다.

문제의 출발점에 '나'를 두어서는 안 된다. 언제나 피해자에게서 문제를 찾는 역사 탓에 가해자의 잘못은 묻히고 피해자만 고통받지 않나. 내 앞에 있는 수많은 사람의 부당한 손가락질과 불분명한 메시지를 문제의 출발점으로 삼아야만 한다. 그래야 내가 아니라 내 앞에 있는 것들을 걷어 낼 수 있다. 비로소 그들에게 가려졌던 아름다운 나를 만날 수 있다.

그동안 나를 어떻게 위로하는지 몰라 상처 앞에서 침묵했다. 아니, 내 안에 상처가 있는지조차 몰랐다. 나는 내가 꽤나 강하다고 생각하여 상처를 모두 극복했다고 생각했다. 더 강해져야 했기에 내가 상처받고 있다는 사실조차 받아들이지 않았다.

하지만 이제는 나의 약함을 스스로 인정할 수 있게 되었다. 상처를 지나는 시기를 온전히 지켜보며 펑펑 울어도 된다고 용기를 전할 수 있을 정도는 되었다.

이제야 나는 나를 제대로 보기 시작했다. 아직도 어리고 약하며 한없이 상처받지만 그럼에도 사랑받아야 하는, 사랑받고 싶은 나를. 당신들의 연하디 연한 마음도 아마 당신에게 들려주고 싶은 말이 많을 것이다.

# 불안한
# 과잉 성취의 시대에서
# 우리가 할 일

**지금 여기**

한 연예인이 가난했던 어린 시절의 기억 때문에 아무리 많은 것을 가져도 항상 불안하다고 고백했다. 그래서 일을 끊임없이 하고, 계속해서 돈을 모을 궁리만 한다는 것이다. 그런 그와 상담하던 정신과 의사는 그의 성격에 특이한 구석이 있다고 직업 윤리를 완벽히 배반하는 말을 내뱉었다. 사람의 마음을 대하는 전문 직업인이 전문가 윤리를 가지지 않은 채 일반인도 쉽게 할 수 없는 말을 한다는 것은 끔찍하고 아찔하다.

그 연예인을 보는 주변인들이나 대중의 시선도 따가웠다. 저렇게 가진 게 많은데도 아등바등 사는 모습이 이해되지 않은 것이다. 그는 돈에 집착하는 욕심 많은 사람으로 보였다. 같이 일하던 동료들도 대중의 반응과 별반 다르지 않았다. 게다가 정신과 의사가 성격이 특이하다고까지 했으니. 돈에 특이 반응을 보이는 특이 체질이라고만 생각하는 사람이 대부분이었다.

사실 이 연예인이 불안한 것은 성격이 이상해서도, 욕심이 많아서도 아니다. 아무 이유도 없이 자기 자신을 몰아붙이는 사람은 없다. 그는 예전과 같은 일이 반복될까 봐 불안한 것이다. 어릴 적 갑자기 집안 형편이 나빠져 가난을 경험해 본 사람은 어른이 되어서도 같은 일이 또다시 닥칠까 봐 불안한 심리를 가지고 사는 경우가 많다. 그러한 불안을 이겨 낼 만큼 자신이 돈을 못 벌 거라 생각하고, 실제로도 못 벌게 될까 봐 불안해한다.

어린 나이에 겪은 불운한 경험은 대체로 개인이 가지는 열등감이나 그림자의 원형이 된다. 심리적·육체적·금전적으로 불안정했던 경험을 하게 되면 어른이 되어서도 자신이 잃었던 것을 잃거나 누가 다시 가져가기라도 할까 봐 쫓기는 마음을 가지기 쉽다. 소중한 것을 잃어 본 적 있는 사람은 잃었을 때의 고통을 영혼에 새기게 되니까.

**성취 자체가 목표가 되어 버린 사람**
무언가를 이미 잃은 사람만이 아닐 것이다. 뒤처지거나 도태

되지 않기 위해 다른 이들의 뒷모습을 보고 헐떡거리는 사람, 누가 뒤쫓아 오지는 않을까 자꾸만 뒤돌아보는 사람 모두가 이미 불안에 중독된 성취 주의자들이다.

인류 역사상 최대의 '스펙'을 가졌는데도 취업이 되지 않는 시대, AI에 일자리를 빼앗길지도 모르는 잠재적 불안이 도사리고 있는 시대, 일자리가 사라지고 미래가 보장되지 않아 당연한 행복을 포기하는 시대. 우리는 모두 무언가를 잃어 갈 준비를 하는 사람들이 아니던가.

잃기 전까지는 잃지 않기 위해 무엇이라도 해야만 하는 우리는 멈추는 법이나 쉬는 법을 잊었다. 카드 돌려 막기를 하듯 번아웃을 또 다른 번아웃으로 돌려 막는 일상을 살고 있다. 경쟁적인 사회의 분위기가 만들어 낸 사회 구성원 전체의 번아웃. 사회의 몫이 모두 개인에게로 이전되어 나타나는 불안들. 피해는 있지만 특정되지 않은 가해자 때문에 누구 탓을 해야 할지 몰라 오락가락하는 우리들은 지친 몸뚱이 하나 끌어안은 채 각자도생해야 하는 희생자인 것이다.

3년 안에 10권의 책을 쓰자 다짐했다. 인터넷 서점에 나열된 작가들의 이름과 순위를 보면서 저 앞에서 달리고 있는 다른 작가를 따라잡기 위해 쓰고 또 썼다. 누가, 왜 작가들의 작품에도 순위를 매겨 놓는지. 그들도 초보 작가로 누군가의 뒤에서 하염

없이 좌절하던 시간을 가진 후 지금의 자리에 올랐을 텐데 나는 벌써부터 그들 옆에 서고자 한 것이다. 그 덕분에 나의 글은 여러 권의 책이 되어 세상에 나왔다. 점점 나를 찾는 기관이나 출판사도 많아지고 독자들도 나를 알아가기 시작했다.

그런데 어느 순간 무기력해졌다. 방바닥에 들러붙어 계속해서 텔레비전을 보고 잠만 잤다. 완전히 소진된 상태에서 사람이 한순간에 시들어 버릴 수 있음을 알았다. 쉬라는 신호였는데 그 신호 앞에서도 멈춰지지가 않았다. 들어오는 제안을 거절하지 않았고 목표를 향해 다시 달리고 있었다. 심지어 하고 싶지 않은 일도 하고 쓰고 싶지 않은 글까지 꾸역꾸역 써 댔다. 열심히 다시 내달리니 이상하게도 무기력에서 해방되는 느낌이 들면서 생기가 돌았다. 숨이 쉬어지는 것 같았다.

그렇다. 나는 완벽한 과잉 성취자 혹은 성취 중독자가 되어 버렸던 것이다. 열심히 해서 완전히 소진되었는데, 그렇다고 열심히 하지 않으면 불안해서 또 열심히 하고, 또 소진이 되는 굴레를 돌고 도는.

## 가끔 멈추는 시간도 필요하다

성취에 중독되어 어떠한 성취를 이루지 못하는 상황을 견디지 못하고 계속해서 도전이라는 미명 아래 달리는 자기 자신에게 채찍질을 하는 사태. 이것이 바로 소진을 소진으로 돌려 막는 것이다. 잘하고 있는데도 믿었던 자신이 사라질까 봐 두렵기 때문이다. 게다가 사회와 환경은 개인이 그렇게 하도록 옆에서 계속 부추긴다.

세상에 의지할 사람이나 믿을 구석 하나 없이 자기 자신 하나만이 인생의 전부였던 사람은 노력을 멈추는 순간 모든 것이 멈추게 될까 봐 항상 불안하다. 남들이 걸을 때 뛰고, 남들이 멈출 때 더 빨리 뛴다. 그러다가 이제 더 이상 노력할 힘이 남아 있지 않게 된 어떤 사람은 제 몸 하나 붙들고 낙화하고야 만다. 최초의 쉼이 최후의 쉼이 되어 버리는 비극은 지금도 여기저기에서 일어나고 있다.

심리학자들은 '그때 거기'에서 벗어나 '지금 여기'에 머물 것을 제안한다. 과거의 때가 지금의 때에 영향을 미치지 않음을 깨달아야 한다고 말한다. 과거의 능력 없던 아이가 아닌 지금의 나는 충분히 능력이 있는 어른임을 자각해야 한다. 자기 자신이 부족하다는 생각에서 벗어나는 것이 그때 거기로부터 탈출하는 방법이다.

우리는 이 시대에 경쟁의 고리를 끝내 달라고 청해야만 한다. 예술에서조차 줄을 세우는 문화나 각종 경연 및 서바이벌 프로그램 등에 그만하라고 말해야 한다. 삶이란 활기차다가도 어느 날 갑자기 이상하리만치 곤두박질치곤 한다. 모든 원인과 책임을 개인에게만 돌리는 '노력 드립', '의지력 드립'에 힘을 보태지는 말아야 할 것이다. 희망도, 좌절도, 우리 힘으로 어쩔 수 없는 사변도 우리보다 앞서 나가지 않도록.

# 인간의 불완전함과
# 화해하는 시간이
# 되길 바라며

나는 가정 폭력의 물리적 피해자이자, 감정 폭력의 정서적 피해자였다. 폭력적이고 무능한 아버지와 무기력하고 나약한 엄마 사이에서 전쟁고아와 같은 애정 결핍을 겪었다. 여기저기 부유하는 마음을 다잡지 못해 죽기로 작정한 적도 있었다. 내면의 성장을 이루지 못한 채 울고 있는 어린 내가 성가셔 마음 한구석에 가두어 두고, 마치 어린 시절이 없는 사람처럼 굴었다. 하지만 심리학을 공부하면서 나는 여전히 그 자리에서 그대로 울고 있는 어린 나를 대면하게 되었다. 그리고 치유하지 못한 채로 덮어 버렸던 상처가 나에게 거대한 영향력을 미치고 있음을 알게 되었다.

잠이 오지 않던 날들, 겪어야 할 감정을 재우기 위해 요동쳤던 마음들, 경계에 서서 여기로 기울지 저기로 기울지 망설였던 순간들. 나는 태어나기 이전으로, 내가 나이기 이전으로 돌아가 회복하고 싶었다. 그러기 위해서 꼭 한 번은 부서져야 했다. 어떤 날은 반쯤 미친 사람처럼 통곡했고, 또 어떤 날은 분노가 차올라 스스로를 통제할 수 없었다. 상처를 써 내려갈수록 '나는 역시 회복 불능인가' 하는 의심과 자괴감마저 들었다.

부서진 조각을 다시 끌어모아 조립하는 과정은 녹록하지 않았다. 어디로 도망갔는지 모르는 감정과 영혼을 찾는 건 더 그러했다. 왜 사람들이 자신의 상처를 들여다보기 힘들어하는지, 상처를 밟을까 봐 두려워하며 피해서 걸어 다니는지 알 것 같았다. 하지만 상처가 더 이상 내 몫이 되지 않게 하기 위해서는 그것을 떠나보내야 한다. 상처를 떠나보내기 위해서는 미련이 남지 않도록 철저히 해부해 보아야 한다.

그래서 나는 상처를 하나하나 떠올리며 기록하고 애도하려 한다. 애도하는 것이야말로 심리를 재정비할 수 있는 기회이다. 다시 태어나는 것이 가장 좋겠지만, 이는 절대 실현될 수 없다. 그러니 다시 살기 위해서는, 먼 미래에도 여전히 잘 살아 있기 위해서는 상처를 꺼내 봐야 한다. 상처가 오래되어 깊어질수록 더 큰 나의 약점이 될 테니까.

심리학을 공부하면서 상처가 아니라고 생각했던 것이 최선을 다해 나를 흠집 내고 있었다는 사실을 깨달았다. 그리고 어떤 상처는 상처가 아님에도 애써 내가 상처라고 이름 붙이기도 했다. 때로는 상처에 둔감했고, 때로는 상처에 과몰입해 엉뚱한 사람의 탓을 하기도 했다.

많은 사람이 심리학 관련 서적을 읽으며 위로받고 싶어 하는 이유는 자기 자신을 사랑하고, 그만큼 상처받은 마음을 회복하고 싶은 열망이 강하기 때문일 것이다. 어떤 순간에도 살아 있기 위해, 살고 싶어지기 위해 모든 것을 끝내는 대신 다시 한 번 더 해 보려는 그러한 마음 말이다.

사실 심리학은 과학을 위해 존재하는 학문이지, 사람들을 위로하기 위한 학문은 아니다. 그럼에도 심리학을 이야기함으로써 누군가에게 위로가 될 수 있다면 그것만으로도 의미가 있지 않을까. 어쩌면 우리는 심리학 자체에서 위로받는 게 아닐지도 모른다. 그보다는 심리학의 이론과 실험을 나에게 적용해 보는 과정에서 생긴 진실에 다가가고 싶은 진심, 억압에서 자유롭고 싶은 열망, 상처받은 나와 타인을 이해해 보려는 의지 등에서 위로를 받는 것일지도 모른다.

삶에는 언제나 정반대의 것들이 동시에 있다. 상처와 회복,

낡은 것과 새로운 것, 침묵과 발설, 내려다보는 것과 올려다보는 것. 삶이 무엇을 말하든, 우리 각자의 마음에는 이미 자신만의 해답이 들어 있다. 단지 장애물에 가려져 보이지 않을 뿐.

나의 경험과 이 책에서 소개하는 심리학자의 언어가 어떤 정답을 내려 줄 수는 없다. 하지만 장애물 하나 정도는 거두어 줄 수 있을 거라 믿는다. 믿고 싶다.

그런 다음, 우리 함께 위로에 대하여 이야기 나눌 수 있기를.

자신만의 위로를 발견하여 나에게도 알려 주기를.

당신의 세계가 오늘도 온기 있는 곳이기를.

그렇게 나와, 상처와, 인간의 불완전함과 화해하는 시간을 갖게 되기를.

알고 보면 자신보다 타인을 더 배려하는 너에게
# 예민한 너를 위한 까칠한 심리학

ⓒ 조우관 2022

**1판 1쇄** 2022년 5월 6일
**1판 2쇄** 2022년 11월 28일

**지은이** 조우관
**펴낸이** 유경민 노종한
**책임편집** 이현정
**기획편집 유노북스** 이현정 류다경 함초원 **유노라이프** 박지혜 장보연 **유노책주** 김세민
**기획마케팅 1팀** 우현권 **2팀** 정세림 유현재 정지안
**디자인** 남다희 홍진기
**기획관리** 차은영
**펴낸곳** 유노콘텐츠그룹 주식회사
**법인등록번호** 110111-8138128
**주소** 서울시 마포구 월드컵로20길 5, 4층
**전화** 02-323-7763 **팩스** 02-323-7764 **이메일** info@uknowbooks.com

**ISBN** 979-11-92300-11-5 (03180)